INTRODUCTION A L'ÉTUDE

DE LA

MÉTALLURGIE DU FER

ET EN GÉNÉRAL

DES COMPOSÉS DE LA NATURE QUI NE SONT PAS DES CORPS COMPOSÉS

DERNIER MÉMOIRE PUBLIÉ EN JANVIER 1873

PAR C. E. JULLIEN, INGÉNIEUR,

Ancien élève de l'École centrale des arts et manufactures ;
ex-ingénieur de l'atelier de construction du Creuzot, du chemin de fer de Paris à Lyon,
des forges de Montataire et des aciéries de H. Pétin, Gaudet et comp.,
de Rive-de-Gier.

ANNEXE AU

TRAITÉ THÉORIQUE ET PRATIQUE DE LA MÉTALLURGIE DU FER

PAR C. E. JULLIEN.

Paris,

LIBRAIRIE POLYTECHNIQUE DE J. BAUDRY, ÉDITEUR.

15, Rue des Saints-Pères.

1873

ANNEXE

AU TRAITÉ THÉORIQUE ET PRATIQUE

DE LA

MÉTALLURGIE DU FER

PAR M. C. E. JULLIEN, INGÉNIEUR.

INTRODUCTION A L'ÉTUDE

DE LA

MÉTALLURGIE DU FER

ET EN GÉNÉRAL

DES COMPOSÉS DE LA NATURE QUI NE SONT PAS DES CORPS COMPOSÉS.

(JANVIER 1873.)

PROLOGUE.

> « Quand on a découvert une vérité, faut-il en
> « faire part aux autres hommes? Si vous la
> « publiez, vous serez persécuté par une infinité
> « de gens qui vivent de l'erreur contraire, en
> « assurant que cette erreur même est la vérité,
> « et que tout ce qui tend à la détruire est
> « l'erreur elle-même. »
>
> BERNARDIN DE SAINT-PIERRE (*Chaumière in-
> dienne*).

Il y a vingt ans j'étais, ce que je suis encore aujourd'hui, un des partisans de la théorie de *Berzélius,* concernant la dissolution liquide et disant *(Chimie,* 1845, tome Ier, page 408) :

« La dissolution est, plutôt, analogue à la force que nous appelons capillarité ou attraction
« par les surfaces. La dissolution ne change rien aux propriétés des corps dissous, qui passent
« seulement, de la forme solide à la forme liquide et parviennent, par la mobilité des atomes,
« à un état tel que la force de combinaison s'exerce plus facilement, et à une température
« à laquelle elle aurait été sans action dans les corps solides. »

Lorsque des expériences faites, par moi, aux forges de *Montataire,* en vertu de mon emploi, me donnèrent à penser que du moment où la *dissolution* est, non pas un *composé chimique,* mais un phénomène de *capillarité,* elle peut tout aussi bien revêtir la forme *solide* que les formes *liquide* et *gazeuse.*

Grâce à cette hypothèse, qui embrasse un nombre considérable de composés, que la *chimie* n'explique qu'en inventant des *combinaisons imaginaires,* les phénomènes de la *trempe* et du *recuit* cessèrent d'être, pour moi, un mystère et je me considérai comme ayant découvert une vérité.

J'avais, en effet, découvert, sans m'en douter, que, depuis plus de soixante ans, les disciples de *Lavoisier* cherchaient midi à quatorze heures.

Dans le but d'être utile à la science, et un peu à moi-même, je crus devoir solliciter l'assentiment des hommes compétents , qui vivent de l'erreur contraire, convaincu que , comme mon ancien professeur de *mathématiques* , M. *Camus* , ils allaient me répondre : c'est vrai, c'est juste, vous avez raison : amère déception ! En effet, sans me recevoir absolument comme un chien dans un jeu de quilles, ces hommes s'empressèrent de considérer ma prétendue découverte comme nulle et non avenue et profitèrent de toutes les occasions pour affirmer que leur erreur même est, sinon la vérité, du moins ce qui s'en rapproche le plus.

Que faire en cette occurrence? m'en référer à l'opinion publique? Mais le public est trop bête pour apprécier les questions scientifiques. Il n'y avait à prendre qu'un parti : démontrer que mes adversaires sont dans l'erreur et que je suis dans le vrai. C'est ce que je fais depuis vingt ans; c'est ce que je ferai tant qu'il me sera possible de tenir une plume.

On lit, dans le *Traité de chimie appliquée aux arts,* de M. *J. Dumas,* secrétaire-perpétuel de l'*Académie des sciences* (1831, tome III, § 1695) :

« Le phénomène de la trempe n'a pas assez frappé l'attention des physiciens ; son analyse « conduirait, on n'en peut douter, à des découvertes importantes pour la théorie des mouve- « ments moléculaires des corps. »

Or, quand j'adresse, à l'*Académie des sciences,* des Mémoires concernant les phénomènes de la trempe et du recuit, ces Mémoires sont, toujours, renvoyés devant des Commissions exclusivement composées de *chimistes* ; pourquoi?

Est-ce parce que le phénomène de la trempe n'a pas assez frappé l'attention des *physiciens* de la docte assemblée?

Est-ce, au contraire, parce que les chimistes sont, seuls, compétents, quand il s'agit de définir les *composés de la nature?*

Les composés de la nature! Vous allez voir ce qu'ils deviennent entre les mains des chimistes :

On lit, dans le *Traité de chimie générale élémentaire* de M. *Cahours,* membre de l'*Académie des sciences* (1860, tome Ier, § 24, *Nomenclature chimique*) :

« Le principe de la nomenclature chimique de *Lavoisier* est le suivant :

« Tous LES COMPOSÉS de la nature peuvent être représentés par deux corps qui se juxta- « posent, que ceux-ci soient simples ou composés ; il y a toujours, pour former une nouvelle « substance, association de deux corps qui se rapprochent jusqu'à un certain point, dont la « juxtaposition fait naître le COMPOSÉ LUI-MÊME.

« Ainsi il y a dualisme, antagonisme des êtres dans la *combinaison chimique,* etc. »

Si M. *Cahours* a simplement voulu dire :

« Tous les CORPS COMPOSÉS de la nature peuvent être représentés par deux corps qui se juxtaposent; que ceux-ci soient simples ou composés, il y a toujours, pour former une nouvelle substance, association de deux corps qui se rapprochent jusqu'à un certain point, dont la juxtaposition fait naître le CORPS COMPOSÉ lui-même, » je suis de son avis; mais, s'il a voulu dire ce qu'il a dit, je ne suis plus de son avis.

Ce qui est certain, c'est qu'il a dit, en propres termes :

TOUS LES COMPOSÉS DE LA NATURE SONT DES CORPS COMPOSÉS.

Ce qui est encore certain, c'est que, pour M. *Cahours*, comme pour les autres chimistes, membres de l'*Académie des sciences :*

La *chaux éteinte* est de l'*hydrate de chaux;* le *chlorure de chaux* est de l'*hypochlorite de chaux;* le *sulfate de soude hydraté* est une combinaison de sulfate de soude et d'eau; le *bioxyde de barium* est une combinaison , etc....; aussi je ne suis pas persuadé qu'il n'a pas voulu dire ce qu'il a dit.

De leur côté, MM. *Pelouze* et *Frémy*, après avoir divisé les composés de la nature en *combinaisons* et *mélanges*, disent (*Chimie*, 1865, tome Ier, page 6) :

« Dans le mélange, au contraire, les corps n'éprouvent pas de modification sensible, point « de *changement de température*, point de *dégagement de lumière*. Si le mélange est formé de « matières solides, on y distingue des particules différentes au moyen de la loupe ou même « à l'œil nu; et à l'aide de procédés mécaniques, tels que l'agitation dans un liquide et la « décantation rapide du liquide, ou par l'emploi de certains dissolvants, on peut toujours « opérer entre les différents corps une séparation qui sert à caractériser le mélange. »

Quelque *haute école* que soit cette manière de jeter, au crassier, les composés de la nature qu'on ne se soucie pas d'étudier, il n'en résulte pas moins que, aux yeux de MM. *Pelouze* et *Frémy*, *les composés de la nature ne sont pas tous des* CORPS COMPOSÉS.

Puisque MM. les chimistes dédaignent de porter leur attention sur ce qu'ils appellent : des mélanges, je ne vois pas pourquoi, sans être chimiste patenté et sans marcher dans les *plates-bandes* de la chimie, je ne me permettrais pas de traiter des *composés de la nature*, qui ne sont pas des *corps composés*, et d'en dire des choses étrangères à la compétence des naturels de la *nomenclature chimique*, quelqu'illustres que soient ces derniers.

Les phénomènes de la *trempe* et du *recuit* étant, selon moi, le résultat de *phénomènes capillaires* entre corps qui ne se combinent pas entre eux, si les recettes données, par MM. *Pelouze* et *Frémy*, pour distinguer les *mélanges* des *combinaisons*, étaient infaillibles, il serait des plus faciles de reconnaître si je suis dans l'erreur ou dans le vrai, quand je viens dire :

L'*acier* est un mélange atomique de *fer* et de *carbone;*

Le *bronze* est, comme tous les alliages, un mélange atomique de *cuivre* et d'*étain;*

Le *verre* est un mélange moléculaire d'un *silicate neutre* et d'un excès de l'un de ses composants : la *silice.*

Etc., etc., etc., etc., etc., etc., etc.

Il est vrai que, quand je montre l'*acier*, aux prises avec l'eau chargée de *brome*, se séparant en *bromure* soluble et *graphite* insoluble, les chimistes me répondent : le *brome* décompose le *carbure de fer.*

Quand je montre le *bronze*, chauffé au rouge sombre, laissant couler son *étain*, comme l'eau d'une éponge que l'on comprime, M. *Riche* me répond : $Sn\ Cu^3$.

Quand je montre le *silicate neutre cristallisé*, qui résulte du verre débarrassé de son excès de *silice*, *Pelouze* me répond :

« Par application aux idées si nettes de *Proust,* dont les progrès de la chimie n'ont fait que
« confirmer l'exactitude, les verres SERAIENT formés, ainsi que je l'ai dit, par le mélange d'un
« petit nombre de silicates à proportions aussi fixes et aussi simples que celles des sulfures,
« des oxydes, des chlorures, des sulfates, etc. Il n'y aurait entre eux aucune différence, sinon
« que les silicates dont se composent les verres sont moins connus et plus difficiles à préparer
« que les composés auxquels on vient de les comparer. »

Avec un : *seraient,* qui vaut le *quoiqu'on die* de *Trissotin.* Voyant cela, je retourne mes
batteries et je dis aux chimistes :

Vous trouvez que je ne démontre pas que l'*acier,* le *bronze* et le *verre* sont de simples
dissolutions, des *phénomènes capillaires;* démontrez, vous, que ces composés sont des *combinaisons* et appartiennent à la *chimie.* Alors, M. *J. Dumas,* secrétaire perpétuel de l'*Académie
des sciences,* s'écrie :

« 5° Enfin, que d'un côté les doctrines qui tentaient d'expliquer les phénomènes chimiques
« par une cause distincte, inconnue, ou de les rattacher à l'électricité, sont demeurées stériles,
« tandis que celles qui tendent à les faire rentrer sous les lois de l'attraction universelle se
« consolident, s'approprient de plus en plus aux faits, et indiquent de mieux en mieux la
« route qui s'ouvre devant nous pour le progrès de la science. »

C'est-à-dire (*Berthollet,* Essai *de Statique chimique,* 1803, tome Ier, page 1) :

« Les puissances qui produisent les phénomènes chimiques sont toutes dérivées de l'attrac-
« tion mutuelle des molécules des corps à laquelle on a donné le nom d'*affinité,* pour la
« distinguer de l'*attraction astronomique.* »

Malheureusement, s'il est démontré que *les puissances, qui produisent la cohésion physique,
sont toutes dérivées de l'attraction mutuelle des molécules des corps,* il n'est pas démontré que
*les puissances, qui produisent les phénomènes chimiques, sont également dérivées de l'attrac-
tion mutuelle des molécules des corps.*

Aussi, quand *Berthollet* dit (Essai *de Statique chimique,* page 11) :

« Enfin le solide ne peut pas même être mouillé, lorsque son affinité avec le liquide ne
« produit pas un effet plus grand que celui de l'affinité mutuelle des parties de ce dernier.
« Ces deux forces produisent donc, selon leur rapport, différents résultats qui doivent être
« distingués, mais qu'il ne faut pas attribuer, avec quelques PHYSICIENS, à deux affinités dont
« ils ont regardé l'une comme *chimique,* et l'autre comme dérivée des *lois physiques;*

Ou (page 62) :

« Les CHIMISTES, frappés de ce qu'ils trouvaient des proportions déterminées dans plusieurs
« combinaisons, ont souvent *regardé comme une propriété générale des combinaisons* de se
« constituer dans des proportions constantes; de sorte que, selon eux, lorsqu'un sel neutre
« reçoit un excès d'acide ou d'alcali, la substance homogène qui en résulte est une *dissolution
« du sel neutre dans une portion libre d'acide ou d'alcali.*

« C'est une hypothèse, qui n'a pour fondement qu'une distinction entre la dissolution et la
« combinaison, et dans laquelle on confond les propriétés qui causent une séparation avec
« l'affinité qui produit la combinaison, etc. »

Je lui réponds : Je suis entièrement de l'avis de ces *physiciens* et de ces *chimistes-là,* et je
défie M. *Dumas* de démontrer qu'ils ne sont pas dans le vrai.

D'ailleurs, M. *Claude Bernard* l'a dit (*Introduction à l'étude de la médecine expérimentale,* 1865, p. 290) :

« Les théories ne sont que des hypothèses vérifiées par un nombre plus ou moins consi-« dérable de faits ; celles qui sont vérifiées par le plus de faits sont les meilleures. »

Le dire de M. *Dumas* est, donc, comme le dire de *Berthollet,* et, si vous le voulez, comme mon dire, une hypothèse fantaisiste, un Essai *de Statique chimique.*

En 1867, à propos de verres, *Pelouze* rappelle à l'*Académie des sciences* le fait suivant (*Comptes rendus,* tome LXIV, page 61) :

« *Berthollet,* dans sa discussion si mémorable avec *Proust,* admettait qu'entre le *maximum* « et le *minimum* d'oxydation ou de sulfuration d'un métal il pouvait y avoir un nombre infini « de degrés.

« *Proust,* au contraire, s'appliqua à démontrer que ces idées étaient inexactes, et que les « métaux ne forment, avec le soufre ou l'oxygène, qu'un très-petit nombre de combinaisons à « proportions invariables ; que, par exemple, tous les degrés intermédiaires que l'on avait cru « obtenir entre un protoxyde M O et un bioxyde M O^2 ne sont que des mélanges de ces deux « combinaisons. »

Newton a dit : « Ne tenez pour certain que ce qui est démontré. » Est-il démontré que *Proust* est dans le vrai ? Non ; alors, qu'a gagné la chimie à la communication intempestive de ce savant ? Rien, sinon la preuve que MM. les disciples de *Lavoisier,* préposés au ramassage de tous les composés de la nature qui sont des *corps composés,* ont jugé à propos de mettre, dans leur hotte, tous les composés de la nature, quels qu'ils soient, sans doute pour éviter que d'autres fussent tentés de glaner dans leurs épluchures. Cela ne m'a pas empêché de ramasser bon nombre de soi-disant mélanges et d'écrire, sans peine, un volume de 200 pages in-18, concernant un sujet à propos duquel mes adversaires de l'*Académie des sciences* ne peuvent aligner deux mots ayant le sens commun ; je veux parler de l'*explication de la trempe et du recuit.*

Constatons, maintenant, les résultats aussi heureux que considérables auxquels sont arrivés les inventeurs des composés de la nature devenus, tous, des *corps composés.*

En 1861, il y avait neuf ans que je m'escrimais à démontrer, sans le moindre succès apparent, que :

« Le *fer* et le *carbone* ne se *combinent* pas entre eux, comme l'*oxygène* et l'*hydrogène,* « mais se *dissolvent,* comme l'*eau* et le *sucre ;*

« L'*acier,* chauffé au rouge, est une dissolution de *carbone* liquide dans le *fer* solide;

« L'*acier trempé* est une dissolution de *carbone cristallisé* dans le *fer amorphe;*

« L'*acier doux* est une dissolution de *carbone amorphe* dans le *fer amorphe;*

« L'*acier,* sortant de la caisse à cémenter, est une dissolution de *carbone amorphe* dans le « *fer cristallisé.* »

Enfin, M. *Frémy* s'offre aux yeux d'un public idolâtre et lui propose de démontrer, sans douleur, que l'acier est un *azoto-carbure de fer.*

A ces mots, transporté d'une indicible joie, M. *Dumas* se lève *et solio sic orditur ab alto :*

« Je félicite mon savant confrère M. Frémy, et l'Académie elle-même, du RÉSULTAT HEU-

« REUX et CONSIDÉRABLE auquel conduit le travail dont elle vient d'entendre la lecture. La
« théorie de la production de l'acier proprement dit paraît désormais fixée, et l'on peut espérer
« qu'elle produira de grandes conséquences pratiques, etc., etc., etc, »

Daignez m'épargner le reste.

Et il ne faudrait pas dire que l'engouement, pour la théorie de M. *Frémy*, ne fut l'affaire
que d'un instant ; plus d'un an après la tirade de M. *Dumas,* M. le *baron Charles Dupin*
faisa it insérer, dans les *Comptes rendus de l'Académie des sciences* (tome LIV, pages 696, 697):

. . . .

. . . .

. . . .

« Au moment où je rédigeais ma description des procédés les plus intéressants des arts de
l'Inde, notre très-savant confrère M. Frémy fixait au plus haut degré l'attention de l'Académie
et du monde savant par ses belles expériences et ses découvertes sur les aciers.

« Je fus frappé comme par un trait de lumière, à la pensée que les branches et les feuil-
lages, employés par les Indiens pour produire un acier supérieur à tous ceux de l'Asie,
devaient renfermer l'azote dont le rôle est si remarquable.

« J'ai mis à l'épreuve la bienveillante complaisance de notre ingénieux confrère, et je ne
l'ai pas en vain sollicitée.

« Je demande à l'Académie la permission de lui communiquer la Lettre pleine d'intérêt
qu'il s'est empressé de m'adresser, en date du 31 janvier dernier.

« Monsieur et illustre confrère,

« Les renseignements que vous avez bien voulu me communiquer sur la fabrication de
« l'acier Voutz viennent donner à mes recherches sur l'aciération une confirmation pratique
« qui est très-précieuse pour moi. . . . .

« Je pense donc que la qualité de l'acier Voutz doit être principalement attribuée à l'emploi
« de végétaux qui donnent au fer les éléments de l'aciération, c'est-à-dire le phosphore et
« l'azote. . . . .

Vous avez bien lu : le *phosphore* et l'*azote* sont les éléments de l'aciération ! ! ! !

     « Est-ce chez les Hurons, chez les Topinambous ?
     « C'est à Paris. — C'est donc dans l'hôpital des fous ?
     « — Non, c'est au Louvre (d'enface), en pleine Académie (des sciences). »

Passons :

     « Cependant, cet oiseau qui prône les merveilles,
     . . . .
     . . . .
     « La renommée, enfin, cette prompte courrière,
     « Va d'un mortel effroi glacer la fourmilière : »

La théorie de M. *Frémy* n'explique aucun des phénomènes de la trempe et du recuit de
'acier !

Ce n'était, heureusement, qu'une fausse alerte; en effet, on lit, dans *les Mondes* (1863, *Comptes rendus des séances de l'Académie des sciences*) :

« M. le capitaine *Caron* avait soumis à l'Académie, dans la séance du 2 février, des études « très-importantes sur l'acier. Il avait découvert et démontré qu'en refroidissant brusquement « un morceau d'acier on soumet, en réalité, ce métal à une compression presque instantanée « qui a la plus grande analogie avec le CHOC D'UN MARTEAU. Et, comme il avait établi précédem- « ment que l'effet produit d'une manière complète par la trempe ou la combinaison intime du « charbon et du fer se trouve réalisé partiellement par le martelage, il jetait un jour tout à « fait inattendu sur le rôle mystérieux de la trempe. La température à laquelle on élève l'acier « qu'il s'agit de tremper a pour effet de dilater le métal et de donner aux molécules la mobi- « lité nécessaire pour qu'elles puissent se réunir; le refroidissement rapide, en les rappro- « chant brusquement, produit la combinaison. Le capitaine Caron prouvait, en outre, « 1° que, sous l'influence de la trempe, l'acier en barre diminuait de longueur, mais augmen- « tait en largeur et en hauteur dans des proportions telles que sa densité devenait moindre; « 2° qu'une barre d'acier peut, par la trempe, prendre des dimensions nouvelles, mais « variables en plus ou en moins, suivant la manière dont le métal a été travaillé; 3° que, « lorsque l'on trempe un même acier dans différents liquides, la dureté, l'aigreur et les autres « qualités de l'acier trempé semblent toujours inversement proportionnelles au carré de la « durée du refroidissement du métal, ce qui confirme l'assimilation entre les effets de la « trempe et les effets du CHOC DU MARTEAU. »

Et, plus loin :

« Dans la séance de ce jour, M. Charles Sainte-Claire Deville, rapprochant les effets du « refroidissement observé par M. Caron, sur l'acier, de ceux du refroidissement qui a déter- « miné la formation des roches ignées, s'efforçait d'expliquer comment le refroidissement, « dont l'effet général est celui du choc, a pu agir différemment sur les diverses substances, et « leur faire prendre la structure cristalline ou vitreuse. »

Et ces savants-là prétendent qu'ils n'ont pas un COUP DE MARTEAU! De quelle *trempe* sont ils donc? Et ce sont eux qu'on écoute, et c'est moi qu'on n'écoute pas!

Je me dis : décidément, voilà trop longtemps que cela dure; pensons à autre chose, car, comme dit le docteur *Quesneville,* je deviens ennuyeux comme la pluie.

J'avais à peine pris cette détermination, que, en 1867, je lus, dans le Programme des prix et médailles, mis au concours par la *Société d'encouragement* pour l'industrie nationale :

SÉANCE GÉNÉRALE DU 20 FÉVRIER 1867.

Prix de 6,000 francs pour une théorie de l'acier fondée sur des expériences certaines.

« LA CONSTITUTION DE L'ACIER N'EST PAS CONNUE. Le travail délicat mis en pratique pour « la production de cet agent si nécessaire aux arts est fondé sur l'empirisme. Cependant, si la « nature de l'acier n'était pas ignorée, il deviendrait possible d'en diriger la préparation par « des règles plus certaines et d'en améliorer, peut-être, les qualités.

« Mais comment se diriger pour convertir en aciers supérieurs des aciers communs, lors- « qu'on ignore ce qui constitue leur différence?

« Comment renoncer, d'autre part, à l'espérance de découvrir un jour le moyen de trans-
« former en fer quelconque un fer de première qualité pour acier fondu, lorsqu'on sait qu'il
« suffit, pour produire ce résultat, d'enlever ou d'ajouter au fer des traces presque inappré-
« ciables de matières étrangères ?

« La première question à résoudre, si on veut abandonner la voie du tâtonnement et pro-
« céder d'une manière raisonnée, consiste évidemment à fixer d'abord la théorie de l'acier et
« à la fonder sur des expériences CERTAINES, VARIÉES et CONTROLÉES PAR LA PRA-
« TIQUE.

« La Société encouragera tous les efforts tentés, dans cette direction, par des médailles ou
« des récompenses annuelles.

« Le prix, lui-même, sera décerné, s'il y a lieu, en 1872. »

Naturellement, je me présente comme candidat à ce prix, puis, un beau jour, je lis dans le
Compte rendu de la séance générale du 12 avril 1872 (page 9) :

« 8° *Théorie de l'acier fondée sur des expériences PRÉCISES*, 6,000 francs.

« Les concurrents qui ont envoyé des Mémoires sur cette question n'ont pas rempli les
« conditions du programme et le prix n'a pas pu être décerné.

« Ce prix a été maintenu au concours pour l'année 1873. »

Remarquez cette nuance :

On demande des *expériences certaines, variées et contrôlées par la pratique !*

Je cite les expériences certaines, variées et contrôlées par la pratique.

On me répond : « Vous n'avez pas cité d'*expériences précises*. »

On veut en avoir pour son argent. Il eût fallu que j'inventasse de nouvelles expériences. Je
comprends : il est trop humiliant, pour les savants patentés, qu'un ingénieur ait vu clair là
où ces messieurs n'ont vu que du feu. Qu'ils osent donc, seulement, écrire : « Je ne partage
« pas l'opinion de M. Jullien, concernant les phénomènes de la trempe et du recuit. »

Je les en défie.

« Les candidats n'ont pas rempli les conditions du programme » me semble sublime. Il
paraît qu'il y a d'autres candidats que moi : que doivent-ils avoir dit, les malheureux ?

Supposez que nous sommes en 1543 : la Société d'encouragement a proposé un prix de
6,000 fr. pour une théorie de la rotation du soleil, autour de la terre, fondée sur des expériences certaines.

Copernic se présente et propose de démontrer que ce n'est pas le soleil qui tourne autour
de la terre, mais bien la terre qui tourne autour du soleil. On crie : à la porte ! et, séance
tenante, on rédige une note ainsi conçue :

« Les concurrents (????) qui ont envoyé des Mémoires sur cette question n'ont pas rempli
« les conditions du programme et le prix n'a pu être décerné. »

Sauvés ! ô mon Dieu ! ! s'écrient, en chœur, les disciples de *Ptolémée*.

Et voilà comme on écrit l'histoire. Ce n'est pas plus difficile que cela, et le tour est joué.

PREMIÈRE PARTIE.

Les phénomènes de la trempe sont exclusivement dus aux deux structures : CRISTAL-LINE *et* AMORPHE, *qui sont susceptibles d'affecter les substances solides.*

—

CHAPITRE I.

DE LA TREMPE ET DU RECUIT EN GÉNÉRAL.

On considère généralement la trempe comme une opération industrielle qui consiste à plonger successivement et suffisamment longtemps un corps dans deux milieux, soit de même nature, soit de natures différentes, mais affectant toujours des températures différentes, dans le but de communiquer à ce corps certaines propriétés qu'il n'acquiert que dans ces conditions.

Envisagée ainsi, la trempe apparaît comme un cas particulier de l'échauffement et du refroidissement des corps, tandis qu'au contraire ce sont l'échauffement et le refroidissement des corps, dans l'*air* et dans le *vide*, qui sont des cas particuliers de la trempe.

En effet, quel résultat immédiat se propose-t-on d'obtenir en trempant un corps? l'échauffer ou le refroidir plus ou moins rapidement, plus ou moins lentement, suivant les propriétés que l'on désire voir se manifester en lui. Or l'échauffement et le refroidissement, tantôt rapides, tantôt lents, ne sont pas des faits exclusivement artificiels : la nature est là pour nous le démontrer à chaque instant; en second lieu, l'échauffement et le refroidissement dans l'*air* et dans le *vide* sont, aussi bien, des cas particuliers de la trempe que l'échauffement dans l'*huile bouillante* ou dans un *métal fondu*, et le refroidissement dans l'*eau fraiche* ou dans le *mercure*.

Lors donc que le mot *trempe* signifie, exclusivement, échauffement ou refroidissement des corps, soit rapide, soit lent, de quelque nature que soit le milieu dans lequel il a lieu, ce mot doit être défini, non une opération industrielle, mais un fait *naturel* ou *artificiel*, dont le résultat immédiat est de *changer* plus ou moins vite la *température* des corps.

Partant de cette définition, on peut appeler :

Trempe chaude, l'échauffement; *trempe froide,* le refroidissement.

En second lieu, quand un corps a séjourné successivement et suffisamment longtemps dans deux milieux affectant des températures différentes, on remarque que le corps, sortant du premier milieu et entrant dans le second, met, à atteindre la température de ce dernier, un temps qui varie non-seulement en raison de la différence des températures de ces milieux, mais encore, et surtout, suivant la nature du second. Ainsi, un corps sortant d'un milieu chaud se refroidit infiniment plus vite dans l'*eau* que dans l'*air*, et un peu plus vite dans le *mercure* que dans l'*eau*.

Pour caractériser ces deux effets opposés de la trempe, désignons sous le nom de *trempe énergique*, froide ou chaude, la trempe qui produit presque instantanément le changement de température des corps trempés et, sous le nom de *trempe douce*, la trempe opposée ; exemple :

Vous prenez une barre d'*acier*, chauffée au rouge, et la plongez dans l'eau fraîche ; dans ce cas, il y a *Trempe froide énergique* ;

Vous prenez cette barre froide et la recuisez lentement, soit dans un *feu de forge*, soit dans de l'*huile bouillante*, soit dans du *plomb fondu*, etc.; dans ce cas, il y a *trempe chaude* et *douce*.

De cette façon, le *recuit* n'est plus qu'un cas particulier de la trempe, comme tous les autres actes concernant l'*échauffement* et le *refroidissement*.

Vous allez, de suite, comprendre pourquoi je me crois obligé de ne voir, dans l'échauffement et le refroidissement, de quelque façon qu'ils s'opèrent, que des faits de trempe :

L'influence de la trempe sur un même corps n'est pas toujours la même, quelle que soit la forme de ce dernier.

Une barre d'*acier vif*, chauffée au rouge, ne devient dure, en refroidissant, que sous l'influence d'une trempe *énergique*, tandis que la même barre, convertie en tôle fine, devient dure en refroidissant dans l'air, au sortir du laminoir, c'est-à-dire sous l'influence d'une trempe *douce*, seulement.

Lors, donc, que l'on veut communiquer à l'intégralité d'un corps les propriétés qu'il n'acquiert que sous l'influence d'une trempe spéciale, il faut lui donner une forme en rapport avec l'effet que doit produire cette dernière. Ainsi, pour que l'acier devienne dur, il faut qu'il passe rapidement de la température rouge-cerise à la température ordinaire. Une trempe énergique froide est favorable à ce résultat, mais une grande épaisseur du métal lui est contraire. Il faut donc, dans ce cas, ou tremper l'acier en barres minces, ou se contenter de la dureté superficielle que la trempe lui communique quand il est épais. D'autre part, les métaux, pris liquides et coulés dans un moule, cristallisent d'autant plus intégralement en se solidifiant, que le refroidissement est plus lent. Si on veut obtenir un métal cristallisé, une trempe très-douce est favorable à ce résultat, mais une faible épaisseur du métal lui est contraire. Il faut donc, dans ce cas, ou couler ces métaux en blocs épais, ou se contenter de la cristallisation centrale qu'ils accusent quand ils sont minces.

En résumé, l'échauffement ou le refroidissement du corps étant la conséquence, non-seulement de l'influence du milieu dans lequel il s'opère, mais encore du pouvoir rayonnant de ce corps, on peut définir la trempe *énergique* : l'art d'*exalter*, et la trempe *douce* : l'art d'*anéantir* le *pouvoir rayonnant* des corps.

Le maximum d'exaltation ayant lieu à la surface et le maximum d'anéantissement ayant lieu au centre du corps, l'effet de la trempe est d'autant plus complet que, dans le premier cas, le corps est plus mince et, dans le second, le corps est plus épais.

CHAPITRE II.

DES EFFETS PRODUITS PAR LES DIVERSES TREMPES.

Quand on veut prendre l'empreinte d'une médaille, on se procure du soufre liquide affectant une température de, environ, 280° et on le soumet à une *trempe froide énergique*, en le plongeant en filet mince dans de l'eau fraîche. En se solidifiant, il prend une structure gélatineuse et transparente. On l'applique ainsi sur les médailles dont on veut prendre l'empreinte et on l'abandonne à lui-même. Au bout de quelques heures de séjour dans l'air, sa structure *amorphe* a disparu et a fait place à une structure *cristalline*, sans accuser d'autre forme extérieure que celle qu'il avait amorphe ; seulement, il est devenu opaque et jaune comme quand, liquide, il se solidifie lentement.

Quand on veut rendre l'acier très-dur, on le soumet à une trempe chaude, plus ou moins douce, portant sa température au rouge-cerise, puis, ensuite, à une trempe froide énergique, en le plongeant dans l'eau fraîche et en ayant soin de l'agiter fortement, pour renouveler les surfaces refroidissantes de l'eau. Quand on veut rendre cet acier coupant et tenace, on le soumet à une trempe chaude et très-douce ; il prend, alors, successivement, les colorations :

1° Blanche à	10° centigrades.	
2° Jaune, à environ	225	
3° Orangé,	243	
4° Rouge,	265	
5° Violet,	277	
6° Indigo,	288	
7° Bleu,	293	
8° Vert,	332	
9° Gris d'oxyde,	400	

Quand il a atteint la coloration *rouge violet* dite *gorge de pigeon*, on le replonge dans l'eau fraîche. Il devient alors bon pour *buriner*, fonctionnant comme lame de *diamant* enchâssée dans un fourreau de *fer*.

Quand on veut rendre la fonte aussi dure que l'acier trempé, on la prend liquide et très-chaude, puis on la soumet à une *trempe froide énergique*, en la coulant dans une lingotière métallique froide, d'autant plus épaisse que la trempe doit pénétrer à une plus grande profondeur. On obtient alors la *fonte blanche*.

Quand on veut obtenir le *bronze* aussi mou et aussi malléable que le *cuivre* pur, on le soumet, froid, à une *trempe chaude* et *douce*, ne dépassant pas la température rouge sombre ; ensuite, on les soumet à une *trempe froide énergique*, en le plongeant dans l'eau fraîche, comme la barre d'acier à tremper.

Quand on veut convertir le verre en *larmes bataviques*, on le prend liquide et suffisamment chaud ; puis, on le soumet à une *trempe froide énergique*, en le coulant, en gouttelettes, dans de l'eau fraîche.

Quand on veut faire, d'un verre transparent, incolore et fragile, une poterie translucide, blanche et tenace, une porcelaine enfin, on le soumet, pendant plusieurs jours, à une *trempe chaude et douce*, c'est-à-dire à un recuit ne dépassant pas le rouge sombre.

En général, quand un corps liquide se solidifie, si la solidification est brusque, la structure que ce corps affecte, froid, n'est jamais la même que celle qui résulte, pour lui, d'une solidification lente. En outre, si, quand il a été solidifié brusquement, on le soumet à une trempe chaude, c'est-à-dire à un recuit suffisamment énergique et suffisamment prolongé, il change de structure et prend celle qui correspond à la solidification lente ; mais, la réciproque n'a pas lieu : un corps solide affectant la structure correspondant à la solidification lente ne peut reprendre la structure correspondant à la solidification brusque qu'après liquéfaction et *trempe froide énergique*. *Exemple :*

Quand on prend de l'*or*, de l'*argent* ou du *cuivre*, liquide, et le coule dans une lingotière métallique froide, le métal solide, cassé froid, plie et accuse une texture *fibreuse*. Si, au contraire, on le maintient, pendant un temps suffisamment long, à une température de très-peu inférieure à celle de sa solidification, le métal solide, cassé froid, rompt net et accuse une texture *cristalline*. Si on prend le métal, froid et fibreux, c'est-à-dire solidifié brusquement sous l'influence d'une trempe froide plus ou moins énergique, suivant le cas, et le soumet, comme ci-dessus, à l'action prolongée du recuit : cassé froid, il rompt net et accuse une texture *cristalline*.

On peut donc dire que l'*or*, l'*argent* et le *cuivre* sont des métaux qui, solides, sont susceptibles d'affecter deux *structures*, l'une *cristalline*, l'autre *amorphe*, que l'on obtient en les soumettant, liquides, tantôt à un refroidissement brusque, tantôt à un refroidissement lent, et changent de structure, quand, affectant celle qui correspond au refroidissement brusque, ils sont soumis au recuit.

Ainsi, l'*or*, qui sort de la Monnaie de Paris, est tenace et fibreux, parce qu'il a été fondu et refroidi promptement ; l'*or*, qui vient de la *Californie* ou de l'*Australie*, est cassant et cristallisé, parce qu'il a été soumis, par la nature, à un recuit suffisamment prolongé.

L'*or*, l'*argent* et le *cuivre* sont-ils les seuls métaux qui jouissent de la propriété d'affecter deux structures solides ?

Le *bismuth*, coulé, même en lingotière métallique froide, cassé froid, rompt net et accuse une texture cristalline ; mais, quand on veut obtenir de beaux cristaux de ce métal, on le laisse refroidir très-lentement. Sa cristallisation, sous l'influence de ce qui rend l'*or*, l'*argent* et le *cuivre* fibreux, ne démontre donc qu'une chose, c'est que, pour obtenir ce métal fibreux, il faut le soumettre, liquide, à une trempe infiniment plus énergique que celle résultant de l'emploi d'une lingotière métallique froide. En effet, on lit dans *Berzélius* (*Chimie*, 1846, t. II, p. 538-539) :

« Ce métal est cassant et facile à pulvériser ; cependant on prétend qu'à l'état de pureté par-« faite il jouit d'une certaine flexibilité. »

De même, le *plomb*, recuit aussi longtemps que l'*or*, l'*argent* et le *cuivre*, reste toujours fibreux. On pourrait croire qu'il fait exception à la règle. Il n'en est, cependant, rien ; car le plomb, recuit suffisamment longtemps, finit par cristalliser aussi.

Deux métaux, l'*étain* et le *cadmium*, occupent, remarquablement, le milieu entre les métaux à propension cristalline et les métaux à propension fibreuse. Quand on coule l'étain, en baguettes, dans une lingotière métallique froide, ce métal, cassé froid, plie et fait entendre un craquement caractéristique de sa cristallisation centrale ; il en est de même du *cadmium*. On comprend, en effet, que, si les métaux, liquides, cristallisent, en se solidifiant, sous l'influence du refroidissement lent, le centre est la partie du lingot où le refroidissement est le plus lent.

Il résulte de là que, quand on coule l'*étain* liquide dans une lingotière métallique froide, le refroidissement extérieur est assez brusque pour faire prendre à ce métal la structure *fibreuse* tandis que le refroidissement intérieur est assez lent pour lui faire prendre la structure *cristal-line*.

Berzélius dit, à ce propos (*Chimie*, 1846, t. II, p. 554) : « Le cri de l'*étain* provient de ce que « la cohésion qui réunit les molécules du métal est détruite. » Je considère cette opinion comme une erreur. Qu'on examine avec soin un lingot d'étain coupé en deux à l'aide d'une scie, et on constatera que le centre est *cristallisé*, tandis que l'enveloppe est *fibreuse*.

Je pose donc, en principe, sauf à admettre des exceptions, s'il y en a, que les métaux, pris liquides, passent d'autant plus intégralement à l'état fibreux, c'est-à-dire *amorphe*, en se solidifiant, qu'ils sont soumis à un refroidissement plus instantané; passent, au contraire, d'autant plus intégralement à l'état *cristallin*, qu'ils sont soumis à un recuit plus prolongé.

Les métaux sont-ils les seuls corps qui, solides, affectent deux structures?

Le *soufre*, pris liquide et refroidi lentement, cristallise en se solidifiant. MM. *Pelouze* et *Frémy* disent, à cette occasion (*Chimie*, 1865, t. I, p. 492) : « Un bâton de soufre, que l'on tient à la « main, se brise en produisant un craquement particulier qui résulte de la dilatation inégale de « ses molécules. » Je pense qu'il eût été plus exact de dire : un craquement qui résulte de la simple dilatation des cristaux superficiels.

Le *soufre*, liquide, affectant une température d'environ 28°, coulé en filets minces dans l'eau fraîche, devient gélatineux et transparent, c'est-à-dire *amorphe*, en se solidifiant.

Le *phosphore* (Cahours, *Chimie*, 1860, t. I, § 133), pris liquide et refroidi lentement, *cristallise* en se solidifiant, et devient *incolore* et *transparent;* coulé suffisamment chaud et mathématiquement pur dans l'eau glacée, il devient *amorphe, noir* et *opaque*.

La *silice*, prise liquide et refroidie lentement, *cristallise* en se solidifiant, et devient ce qu'on appelle *quartz;* versée, au contraire (Berzélius, *Chimie*, 1845, t. I, p. 633), dans l'eau fraîche, elle devient amorphe, et constitue ce qu'on appelle le *silex*.

Voilà pourquoi il n'existe pas de *quartz amorphe* et de *silex cristallisé* (Réponse à Huot, *Minéralogie*, 1841, t. II, p. 394).

Les puddings siliceux de *Huy* (Belgique) sont donc des mélanges de *silex* et de *quartz* provenant de deux séries d'éruptions volcaniques, entre lesquelles il y a eu un soulèvement du sol qui a mis à sec le *silex* qui était primitivement sous l'eau.

L'*eau* liquide, soumise au refroidissement lent, se comporte comme les *métaux*, c'est-à-dire prend la structure cristalline. Elle la prend également quand on la refroidit brusquement; mais, ici, le cas est le même que pour le *bismuth*. Si on plongeait de l'eau, affectant une température de 40 à 50° au-dessus de zéro, dans du mercure affectant une température de 40 à 60° au-dessous de zéro, il est plus que probable que ce corps prendrait la structure *amorphe* en se solidifiant. Je ne sais même pas jusqu'à quel point certains grêlons ronds, sans apparence cristalline, ne sont pas, comme la silice liquide coulée en gouttelettes dans l'eau fraîche, de l'eau à l'état solide *amorphe*.

A ce propos, on lit, dans la *Revue hebdomadaire de chimie* de M. *Méne* (1870, tome II, page 366) :

Les fleurs de la glace.

« Voici comment on fait l'expérience destinée à montrer au public d'un cours ou d'une con-« férence le curieux phénomène des *fleurs de la glace*. On taille convenablement une plaque de « glace dans un bloc, formé pendant les fortes gelées, au milieu d'un lac tranquille, et l'on place « ce morceau de glace sur le trajet d'un faisceau de lumière électrique, c'est-à-dire d'une « lumière accompagnée de chaleur. Immédiatement après le bloc de glace, qui reçoit le faisceau « lumineux, on dispose une lentille qui projette sur un tableau l'image agrandie de la face d'en-

« trée du faisceau. Au bout de quelques instants, c'est-à-dire, dès que la lumière a échauffé la
« glace, on aperçoit quelques lignes et quelques points noirs, provenant probablement des
« impuretés de la glace, puis, tout à coup, des étoiles à 6 rayons apparaissent au milieu des
« parties claires de l'image. Elles grandissent peu à peu, s'étalent, se joignent entre elles, se
« recouvrent et disparaissent comme formes nettes, en se superposant ou en se fondant les unes
« dans les autres. »

Que la glace, placée sur le trajet d'un faisceau de lumière électrique, accuse les phénomènes
que signale l'article ci-dessus, je ne le conteste nullement ; ce que je conteste, c'est que de l'eau,
préalablement cristallisée, se déforme et se convertisse en fleurs, qui sont, elles-mêmes, des cristallisations, avant de devenir liquide. Mon opinion est que le phénomène des fleurs de la glace, provient de ce que la glace, qui y donne lieu, n'est pas de l'eau intégralement cristallisée, mais un
mélange d'eau solide *amorphe*, provenant d'une congélation *brusque* et d'eau solide *cristallisée*
provenant d'une congélation *lente*. Les fleurs de la glace ne seraient, dans ce cas, que l'effet
produit, par le recuit, sur l'eau solide amorphe, qui ne peut se liquéfier sans avoir passé préalablement par l'état cristallin.

Les faits confirment-ils ma manière de voir ? Vous allez en juger.

M. *Mène*, relatant une leçon de physique du professeur *Tyndall*, lui fait dire :

« Comment m'y prendrai-je pour disséquer cette glace ? Un faisceau de lumière solaire ou, à
« son défaut, de lumière électrique, sera l'anatomiste habile auquel je confierai cette opération.
« Je lance ce faisceau directement d'une lampe spéciale à travers cette plaque de glace trans-
« parente. Il mettra l'édifice de glace en pièces en renversant l'ordre de son architecture. La
« force cristallisante avait silencieusement et symétriquement élevé atome sur atome ; le faisceau
« électrique la fera tomber silencieusement et diminuer. Il n'en est pas ainsi de la chaleur. En
« tant qu'agent thermique le faisceau, avant son entrée, est plus puissant qu'après son émer-
« gence. Une portion du faisceau s'est arrêtée dans la glace, et cette portion est l'anatomiste
« que nous voulions mettre en jeu. Que fait-il ? Je place une lentille en avant de la glace, et je
« projette une image agrandie de la plaque de glace sur l'eau. Observez cette image dont la
« beauté est encore bien loin de l'effet réel, voici une étoile ; en voilà une autre, et, à mesure
« que l'action continue, la glace paraît se résoudre de plus en plus en étoiles, toutes de six
« rayons et ressemblant chacune à une belle fleur à six pétales. En faisant aller et venir la len-
« tille, je mets en vue de nouvelles étoiles et, à mesure que l'action continue, les bords des
« pétales se couvrent de dentelures et dessinent sur l'écran comme des feuilles de papier.

. . . .

. . . .

« J'appelle maintenant votre attention sur deux points minuscules en apparence, mais d'un
grand intérêt, et qui se rattachent à cette expérience. Vous voyez ces fleurs éclairées par la
lumière transmise, c'est-à-dire qui a traversé à la fois les fleurs et la glace ; mais si vous les exa-
minez en faisant tomber sur elles un rayon qu'elles réfléchiront, et qu'elles renverront à votre
œil, vous verrez au centre de chaque fleur une tache qui a le lustre de l'argent bruni. Vous
seriez tentés de croire que cette tache est une bulle d'air. *Cette tache est un vide*, car, en l'immer-
geant dans l'eau chaude, vous pourrez faire fondre la glace tout autour de la tache et, au moment
où elle restera seule, vous la verrez s'affaisser et disparaître, sans traces d'air. Vous voyez avec
quelle fidélité à elle-même la nature opère ; combien dans toutes ses opérations elle reste
enchaînée à ses propres lois. Nous avions appris, dans une précédente conférence, que la glace,

en fondant, se contracte, et cette contraction, nous la prenons sur le fait. L'eau des fleurs ne peut pas remplir l'espace occupé par la glace qui lui a donné naissance par sa fusion ; de là, la production d'un vide, compagnon inséparable de chaque fleur liquide..... »

Voici ce que j'appelle une démonstration à la *Berthollet :*

M. *Tyndall* avait de la glace ordinaire, sans vides apparents ; il se forme des fleurs, avec un vide central qui ne peut provenir que de la dilatation provoquée par la cristallisation de l'eau qui n'est pas cristallisée ; car, si elle était cristallisée, elle serait dilatée. Au lieu de dire : je ne comprends pas ce fait, il prétend qu'il explique la dilatation des fleurs de la glace. Eh bien, vous allez choisir entre son explication et la suivante :

L'eau solide *amorphe*, soumise au recuit, prend sa structure *cristalline* et se dilate. Quand elle cristallise en branches, par juxtaposition, sa dilatation se fait place naturellement dans le milieu où elle se trouve; mais, quand elle cristallise en étoiles, la dilatation sphérique, qu'elle subit au centre, donne nécessairement lieu à un vide central qui démontre, plus que tout ce que j'ai dit plus haut, qu'il y a, dans les glaçons, de l'eau non cristallisée qui cristallise. Comme il n'est pas possible d'admettre que c'est de l'eau liquide qui, sous l'influence du calorique, cristallise, il faut en conclure que c'est de l'eau solide *amorphe* recuite.

Il est un moyen très-simple de vérifier si ma prétention est fondée ; ce moyen consiste à faire solidifier de l'eau lentement, avec ou sans vibrations, de manière à produire une cristallisation intégrale ; dans ce cas, la glace, examinée au microscope solaire, accusera la présence de cristaux qui fondent, mais non la génération préalable de petits cristaux, de fleurs de glace. La génération de cristaux ne peut avoir lieu que là où il y a de l'eau solide amorphe, comme dans la grêle transparente, par exemple; celle-là doit se convertir intégralement en eau cristallisée avant de fondre. En effet, la grêle est, on peut dire, de la vapeur d'eau solidifiée instantanément, car l'eau ne peut exister, à l'état liquide, dans l'atmosphère. Pourquoi cette vapeur choisit-elle précisément l'*été*, pour se solidifier, et non l'hiver ? Parce que la température de la saison n'est que secondaire dans la manifestation du phénomène; c'est l'électricité qui joue le principal rôle, comme je vais le démontrer (1).

(1) On lit dans *le Salut public*, journal de Lyon, la lettre suivante :

« *Morez, 11 septembre* 1855.

« Hier lundi, à quatre heures du soir, on a vu s'élever, au-dessus des montagnes qui entourent, à l'ouest, la ville de Morez, un gros nuage noir, que sillonnaient, à chaque instant, des éclairs d'une grande vivacité ; puis un second nuage, plus grisâtre, s'est élevé au-dessous, paraissant s'avancer dans une direction opposée au premier. On a pu remarquer alors, à la rareté des éclairs et à la continuité des coups de tonnerre, que de fréquentes décharges électriques s'opéraient entre les deux nuages superposés et probablement électrisés différemment.

« Pour quiconque a compris la théorie probante d'Arago, il devenait évident qu'un grand phénomène atmosphérique s'accomplissait, et que bientôt on allait entendre dans les airs le bruit strident des grêlons qui s'entre-choquent pendant leur grossissement. Ce redoutable phénomène n'a pas tardé, en effet, à se produire.

« Pendant un quart d'heure de véritable tempête, le nuage a vomi une avalanche de grêlons et de glaçons tels, que de mémoire d'homme on n'a vu pareille chose. Les carreaux de vitres, les ardoises et les tuiles des toitures volaient de toutes parts et obscurcissaient l'air de leurs débris. Des toitures en zinc étaient littéralement percées comme un crible. En moins de dix minutes, la terre a été couverte d'une couche de glace de 4 à 6 centimètres, formée de grêlons de toutes grosseurs, depuis celle d'une noisette jusqu'à celle d'un œuf de poule. Ils pesaient généralement de 20 à 50 grammes; mais il y en avait beaucoup qui allaient de 60 à 120 grammes. Quelques-uns dépassaient considérablement ces chiffres, puisque j'en ai vu, plus de vingt minutes après l'orage, qui pesaient encore 240 grammes. On assure en avoir trouvé qui pesaient, au moment de leur chute, 510 grammes, c'est-à-dire plus d'une livre.

« Les façades et les toitures tournées à l'ouest sont toutes dépourvues de leurs vitres et de leurs tuiles. Le

La température de l'atmosphère dans laquelle résident les nuages est à peu près constamment la même et très-basse ; si la vapeur ne s'y condense pas, c'est parce qu'elle ne le peut pas, attendu que l'état liquide est exclusivement dû à la pression et que cette dernière est très-faible dans les hautes régions de l'atmosphère où se rendent les vapeurs en vertu de leur densité relativement moindre.

Quand deux nuages superposés donnent lieu à un éclair, par la réunion de leurs électricités de signes contraires, il y a génération de calorique, dilatation de l'air ambiant et augmentation de la pression ; la vapeur d'eau se condense instantanément et se convertit en eau qui, à la température du lieu, se solidifie elle-même et constitue la *grêle*.

Si les gouttes d'eau sont petites, la *trempe* pénètre à cœur, et on obtient des grêlons transparents d'eau solide intégralement *amorphe* ; si, au contraire, les gouttes sont grosses, la trempe n'est que superficielle et les grêlons, que l'on obtient, sont, comme le *soufre* coulé en filets trop gros dans l'eau fraîche, des composés de :

Une enveloppe amorphe,

Un noyau cristallisé.

Mais, comme le bismuth et, en général, comme tous les corps, l'*eau* se dilate en cristallisant, tandis qu'elle se contracte en prenant la structure *amorphe*, fait que l'on peut vérifier en mettant de la grêle dans de l'eau liquide, pour constater sa densité.

Il résulte, de là, de deux choses, l'une :

Ou la force répulsive de la partie cristallisée est suffisante pour vaincre la force compressive de l'enveloppe amorphe, et alors les grêlons éclatent en morceaux ;

Ou la force répulsive de la partie cristallisée est insuffisante pour vaincre la force compressive de la partie amorphe, et alors les cristaux se broient eux-mêmes et les grêlons prennent l'apparence de ce que MM. *Pelouze* et *Frémy* considèrent comme des mélanges de *glace* et de *neige* (*Chimie*, 1865, t. Ier, p. 239).

En outre, si, comme je le prétends, la grêle transparente est de l'eau solide amorphe, 1 kilog. de grêle transparente à 0° et 1 kilog. d'eau à 79° doivent donner, par leur mélange, 2 kilog. d'eau à une température de beaucoup supérieure à 0° et qui serait 39°,5, si la capacité calorifique de l'eau étai la même pour tous les degrés de thermomètre centigrade.

Le *sucre d'orge*, c'est-à-dire le sucre fondu au feu et refroidi brusquement sur des tables de marbre, prend une structure vitreuse ; abandonné à l'air, il prend une structure cristalline et opaque, sans changer de poids.

La *céruse*, préparée par la méthode hollandaise, c'est-à-dire par la voie sèche, *couvre* mieux que la *céruse* préparée par la méthode de *Clichy*, c'est-à-dire par la voie humide. Cela provient, sans aucun doute, de ce que, par la *voie sèche*, la *céruse* prend sa structure solide *amorphe*, opaque et blanche, tandis que, par la voie *humide*, elle prend sa structure *cristalline*, incolore et transparente. Laquelle de ces deux structures correspond, sinon à la solidification, du moins à la génération brusque ? Évidemment, c'est la structure *amorphe, opaque* et *blanche* que communique la méthode *hollandaise ;* la méthode de *Clichy* ne communiquant, à la céruse, qu'une structure *cristalline* qui s'obtient *blanche* et *transparente* (Berzélius, *Chimie*, 1865, t. IV, p. 91) sous l'in-

---

dégât est considérable. Les récoltes des montagnes, qui n'étaient pas encore faites, seront totalement perdues. On craint que cet orage de glace n'ait dévasté les vignobles du Jura.

« *P. S.* — J'apprends, au moment de clore ma lettre, que des toitures ont été enlevées et portées sur d'autres bâtiments ; que plusieurs voitures ont été renversées sur les routes ; qu'on trouve, ce matin, un grand nombre d'oiseaux tués et de gibier de toute sorte, et qu'enfin une enfant de 11 ans, attardée dans les champs, a été tuée par la grêle. »

fluence de la précipitation lente, par voie humide. La conséquence, à tirer de là, est que, pour obtenir de la *céruse* qui couvre bien, il faut accélérer la réaction, aussi bien, quand on procède par voie sèche, que quand on procède par voie *humide*.

Faut-il conclure, de tous ces faits, que les corps liquides, solidifiés brusquement, prennent une structure *amorphe;* solidifiés lentement, au contraire, prennent une structure cristalline ? Non :

1° Le *diamant* est du *carbone cristallisé;* le *graphite* est, par conséquent, du carbone *amorphe.*

Quand on recuit le *diamant* (Jacquelain) à une température suffisamment élevée pour le ramollir, il se convertit en *graphite.* Évidemment, si ce corps avait, pour structure correspondant à la solidification lente, la structure *cristalline*, il ne deviendrait pas *amorphe* sous l'influence du recuit. Il est vrai que les *minéralogistes*, d'une part, et les *métallurgistes*, d'autre part, prennent, pour du graphite cristallisé, le graphite *hexaédrique* que l'on rencontre dans les calcaires spathiques de l'Amérique septentrionale et le graphite *cubique* que l'on trouve dans la *fonte grise.*

D'après ce que j'ai dit, concernant les autres corps, il est incontestable que ce que l'on prend, là, pour du graphite cristallisé, n'est autre chose que du graphite moulé : 1° dans le *calcaire hexaédrique* en contact ou mélangé; 2° dans les cristaux de *fer cubique* que renferme la fonte grise à facettes. On peut, donc, dire : le *carbone*, pris liquide et solidifié suffisamment brusquement, *cristallise*, tandis que, solidifié lentement, il prend sa structure *amorphe,* propriété qui est le contraire de celle des corps précités (1).

---

(1) *Le Petit Moniteur* a publié, pendant l'Exposition universelle de 1867, l'article qui suit :

FORMATION DU DIAMANT.

« Quel est le mode de formation du diamant? Telle est la question que les minéralogistes, les géologues et les chimistes se sont posée depuis longtemps sans être encore parvenus à lui donner une réponse satisfaisante; car, si l'on a pu reproduire artificiellement le carbone cristallisé, toutes les tentatives faites pour la reproduction du diamant sont jusqu'ici restées infructueuses. C'est ce qui explique le grand intérêt qui s'attache toujours à l'examen détaillé d'une nombreuse série de cristaux de diamants.

« Aussi faut-il voir l'empressement de la foule qui encombre à toute heure la taillerie de diamants établie dans le jardin de l'Exposition actuelle, près de la section des Pays-Bas. Au milieu de cette foule sans cesse renouvelée par le charme d'un spectacle tout nouveau pour elle, on a pu remarquer déjà une grande partie des savants les plus distingués de l'Europe, cherchant à tirer un enseignement utile des richesses accumulées dans l'atelier hollandais.

« Cet atelier renferme, en effet, de quoi attirer le savant comme le simple curieux, car M. Coster a eu l'heureuse idée de placer, à côté de tout ce qui peut apprendre comment on arrive, par la taille et le poli, à donner toute sa valeur au précieux minéral, un grand nombre de cristaux naturels, remarquables par leur forme, leur volume ou leur couleur, et une collection des substances dont se composent les alluvions exploitées dans les principales mines des provinces de Rio et de Bahia, au Brésil. Malheureusement, l'*itacolumite* et le *schiste amphibolique*, qui sont regardés comme la gangue primitive du diamant du Brésil, ne sont pas représentés dans cette collection; mais les cristaux découverts dans ces roches sont jusqu'à présent si rares, qu'on cite les quelques musées publics assez favorisés pour en posséder un échantillon.

« La province de Bahia a pourtant fourni plusieurs groupes de cristaux de quartz transparents, au milieu desquels un certain nombre de diamants paraissent se trouver *en place.* L'étude attentive de ces groupes, qui constituent une association tout à fait nouvelle, dira ce qu'il en faut penser et permettra peut-être de jeter quelque lumière sur la méthode employée par la nature pour la formation du diamant lui-même.

« M. Coster a bien voulu enrichir la collection minéralogique de l'école impériale des mines et celle de l'école normale supérieure des spécimens les plus intéressants qu'il a rassemblés. »   A. B.

Je me suis alors rendu à l'exposition de M. *Coster;* j'y ai rencontré l'auteur de l'article ci-dessus; nous avons examiné, ensemble, les échantillons de *quartz* mélangés de *diamants*, et il a été reconnu, à l'unani-

3

Cependant, on lit, dans la *Chimie* de *Debray* (1863, p. 253) : « On produit artificiellement le « *graphite* en mettant de la fonte de fer en fusion en contact avec du charbon ; elle laisse dépo- « ser, en se solidifiant, des lames hexagonales de charbon noir parfaitement pur ; on peut obte- « nir plus facilement ce charbon cristallisé en faisant passer, sur de la fonte portée au rouge « dans une petite nacelle de charbon de cornue, des vapeurs de chlorure de carbone. Le chlore « s'empare du fer et forme avec lui une matière volatile ; le charbon mis en liberté se dissout dans la « fonte restante. On voit donc que le fer disparaît peu à peu, tandis que la proportion de carbone « dissous augmente ; aussi ne tarde-t-il pas à cristalliser, et, si l'opération est suffisamment prolon- « gée, on peut l'obtenir parfaitement isolé, tout le fer ayant été volatilisé (H. Sainte-Claire De- « ville). »

Je réponds à cela : Le *graphite hexaédrique* n'est pas plus *cristallisé* que les écailles *hexago- nales* des *tortues*, que l'*amidon hexaédrique*, que « *la muraille basaltique*, composée de prismes « parfaitement réguliers et formant ce que l'on nomme une chaussée de géants, » dont il est fait mention dans l'ouvrage de *Figuier* intitulé : *La terre et les mers* (1864, page 415, fig. 126). S'il était vrai que du *graphite hexaédrique* est du *graphite cristallisé*, tout ce que j'ai écrit, depuis vingt ans, concernant les phénomènes de la trempe, serait stupide (je ne nie pas la stupi- dité, j'attends qu'on me démontre qu'elle existe). Le *graphite hexaédrique*, comme l'*amidon hexaédrique*, comme les *prismes réguliers* composant les *murailles basaltiques*, est du graphite liquide retraité régulièrement au moment de la solidification. Les pourtours hexagonaux des écailles des tortues sont la ligne de rencontre des sécrétions partant de cratères unifor- mément répartis sur la carapace. Je vous défie d'obtenir autre chose que des *hexagones ré- guliers*, quand vous faites sécher une pâte parfaitement homogène : vous avez le droit d'at- tendre ma mort pour partager mon avis. Quand il y a volatilisation du *fer* liquide, tenant en dissolution du *carbone*, ce dernier se dépose solide, se refroidit et retraite d'autant plus réguliè- rement qu'il est dépourvu d'adhérence.

Ce qui prouve que le *carbone* liquide *cristallise*, en se solidifiant brusquement, c'est que les *faces octaédriques* de ce dernier sont courbes. On lit, dans *Huot* (*Minéralogie*, 1841, tome Ier, page 160) :

« Mais une particularité que présente la cristallisation du *diamant*, c'est que les faces de ses « cristaux sont presque toujours bombées et ses arêtes conséquemment courbes. »

Je prétends que le *carbone* liquide cristallise en se solidifiant sous l'influence du refroidisse- ment brusque. Si je suis dans le vrai, la cristallisation doit marcher, dans ce corps, de la sur- face au centre, c'est-à-dire de la partie qui se refroidit la première à celle qui se refroidit la dernière. Il en résulte que c'est au détriment de l'enveloppe extérieure, déjà cristallisée, que s'opère la dilatation exigée par la cristallisation intérieure. Dans la grêle, l'enveloppe *amorphe* résiste à la cristallisation intérieure, parce qu'elle est froide, ronde et rigide ; dans le carbone, au contraire, le centre est au blanc éclatant, quand l'enveloppe, qui commence à cristalliser,

mité des personnes présentes, que la présence simultanée du *quartz* et du *diamant*, dans les échantillons de M. *Coster*, ne démontre nullement que ces deux substances sont de même formation.

On comprend l'importance de cette conclusion, relativement à ma manière de voir.

Pour moi, le *quartz* est le résultat d'une solidification excessivement lente, soit par voie humide, soit par voie sèche.

Le *diamant*, au contraire, est le résultat d'une solidification instantanée.

A mes yeux, les échantillons de M. *Coster* constituent des cristallisations lentes de silice, au fond de l'eau, dans lesquelles sont tombés des fragments de *carbone* liquide, projeté par des volcans et cristallisé par immersion dans l'eau fraîche.

ne peut être déjà froide et a des faces planes. Voilà pourquoi, dans les diamants, les faces et les arêtes sont courbes.

Aussi, quand les *diamants* accusent la présence de *crapauds*, c'est toujours au centre, attendu que ces crapauds ne sont autre chose que du carbone liquide, insuffisamment trempé, qui est devenu *graphite*, en se solidifiant, à l'inverse du *soufre*.

2° Les *silicates neutres,* pris liquides et solidifiés brusquement, prennent une structure *cristalline,* comme le carbone ; solidifiés lentement, au contraire, ils prennent une structure *amorphe.*

Si, donc, il est probable que le plus grand nombre des corps, solidifiés lentement, ont leur structure *cristalline,* il ne faut pas en conclure que le fait est général ; il faut dire :

Tous les corps solides sont susceptibles d'affecter deux structures, savoir : une structure *cristalline* et une structure *amorphe,* correspondant, tantôt l'une, tantôt l'autre, au corps pris liquide et solidifié, tantôt brusquement, tantôt lentement.

Les *métaux,* le *soufre,* le *phosphore,* la *silice,* le *sucre,* le *sélénium* et l'*eau* sont des types de corps qui ont leur structure *amorphe,* quand, pris liquides, ils sont solidifiés *brusquement; cristalline,* quand, pris liquides, ils sont solidifiés *lentement,* ou recuits après la solidification brusque.

Le *carbone* et les *silicates neutres,* au contraire, sont des types de corps qui ont leur structure *cristalline,* quand, pris liquides, ils sont solidifiés *brusquement; amorphe,* quand, pris liquides, ils sont solidifiés *lentement,* ou recuits après solidification brusque.

Tout d'abord, il faut que nous tombions d'accord sur ces faits qui sont faciles à vérifier.

CHAPITRE III.

POURQUOI?

On lit dans les traités de chimie :

1° A propos de l'*or* (Berzélius, *Chimie,* 1845, tome II, page 376) :

« A l'état de pureté, l'or est plus malléable qu'aucun autre métal, et presque aussi mou que
« le plomb. . . . .
« Si on laisse une grande masse d'or se refroidir lentement, la partie qui se solidifie la première
« cristallise en pyramides courtes à quatre faces, qui sont des moitiés d'octaèdres réguliers ; et,
« en général, l'*or* a une si grande tendance à cristalliser, qu'on le trouve souvent dans la nature
« sous plusieurs formes cristallines qui appartiennent au système régulier. »

2° A propos du soufre, d'une part (Pelouze et Frémy, *Chimie,* 1865, tome Ier, page 492) :

« Le soufre solide est très-friable ; un bâton de soufre, que l'on tient à la main, se brise en
« produisant un craquement particulier, qui résulte de la dilatation inégale de ses molécules. »

D'autre part (Cahours, *Chimie,* 1860, tome Ier, page 231) :

« A ces faits si remarquables, nous allons en ajouter un autre, qui, certes, n'est pas moins
« surprenant. Vient-on à projeter dans l'eau froide du soufre chauffé à une température peu
« supérieure à celle à laquelle il possède son maximum de viscosité, il donne une substance
« élastique analogue, jusqu'à un certain point, au caoutchouc, etc. »

3° A propos du bismuth (Berzélius, *Chimie,* 1845, tome XI, page 538) :

« Le bismuth a beaucoup d'éclat et une texture cristalline feuilletée. Il est cassant et facile à
« pulvériser ; cependant, on prétend qu'à l'état de pureté parfaite il jouit d'une certaine flexi-
« bilité. »

4° A propos du plomb (Berzélius, *Chimie*, 1845, tome Ier, page 576) :

« Le plomb pur est si mou, que, même en disques épais, on peut le ployer facilement,
« presque comme du cuir mouillé. . . . .
« Si on laisse refroidir lentement ce métal, il cristallise en pyramides à quatre faces, et, aux
« points saillants, en octaèdres réguliers. »

Pourquoi ne dit-on pas :

« L'*or* est un métal *cristallisé* que l'on rencontre dans la nature, sous plusieurs formes appar-
« tenant au système régulier. Quand on le met en fusion et le coule dans une lingotière, il prend
« une structure *fibreuse*, en se solidifiant ; dans ce nouvel état, il est plus malléable qu'aucun
« autre métal et presque aussi mou que le *plomb* fondu et coulé aussi en lingotière ? »

Est-ce parce que nous sommes en *Europe* et non en *Californie*, ou en *Australie* ?

De même, pourquoi ne dit-on pas :

« Le *soufre* est un corps élastique analogue, jusqu'à un certain point, au caoutchouc. Quand
« on le retire de l'eau fraîche et le laisse exposé à l'air libre, il devient très-friable ; dans ce
« cas, un bâton de soufre, que l'on tient à la main, se brise en produisant un craquement par-
« ticulier qui résulte de la dilatation inégale de ses molécules ? »

Est-ce parce que nous sommes des *hommes*, et non des *poissons* ?

En somme :

Pourquoi l'*or* et le *plomb* sont-ils plutôt des métaux fibreux que des métaux cristallisés ?

Pourquoi le *bismuth* est-il plutôt un métal cristallisé qu'un métal fibreux ?

Pourquoi le *soufre* est-il plutôt un corps friable qu'une substance élastique analogue, jusqu'à
un certain point, au *caoutchouc* ?

C'est ce que je vais tâcher de vous faire apprécier :

On lit dans le *Traité de chimie* de M. *Debray* (1863, page 174), à propos du *sélénium* :

« Le *sélénium* et surtout le *tellure* sont rares dans la nature ; aussi ont-ils peu d'importance.

« Le *sélénium*, fondu et *rapidement refroidi*, constitue une masse noire, brillante et *amorphe*,
« à cassure conchoïde. . . . .
« Si on le *refroidit très-lentement*, il prend une teinte gris foncé et un aspect *cristallisé*. . . .
« Il fond à 217 degrés, s'il est *amorphe*, et à une température plus élevée, s'il est *cristallisé*. »

Cette manière rationnelle de constater les effets du refroidissement brusque et du refroidissement lent, sur les corps liquides qui se solidifient, est-elle générale ou accidentelle dans le
Traité de chimie de M. *Debray* ?

Elle y est accidentelle et exclusivement affectée aux corps *rares dans la nature et ayant peu
d'importance* : L'or, le soufre, le *bismuth*, le *plomb*, etc., sont, chez M. *Debray*, ce qu'ils sont
chez les auteurs précédemment cités.

Cependant, l'or, le soufre, le *bismuth* et le *plomb* sont, comme le *sélénium*, des corps susceptibles de prendre tantôt une structure *cristalline*, tantôt une structure *amorphe*, en se solidifiant.

Je vais essayer de démontrer que :

Il est, pour chaque corps LIQUIDE, *qui se* SOLIDIFIE, *une vitesse de refroidissement,* LIMITE *au-
dessous de laquelle* IL ÉMET *et au-dessus de laquelle* IL N'ÉMET PAS, *à l'état sensible, son* CALORIQUE
LATENT *de liquéfaction. Il en résulte que :*

Il y a deux structures fondamentales de l'état SOLIDE *des corps, savoir :*

Une structure ANORMALE, *correspondant à la* PRÉSENCE *du calorique latent de liquéfaction ;*

Une structure NORMALE, *correspondant à l'*ABSENCE *du calorique latent de liquéfaction.*

Quand on prend du *bismuth*, de l'*étain*, du *soufre* ou de l'*eau*, liquide, et fait refroidir lentement ce corps sous une cloche, à l'abri des *vibrations*, il reste liquide, savoir :

Le bismuth, jusqu'à. . . . . + 242°.5
L'étain. . . . . + 225 .5
Le soufre. . . . . + 104 .0
L'eau. . . . . — 12 .0

Puis, dès que la solidification commence, sa température s'élève subitement à :

Pour le bismuth. . . . . + 247°.0
L'étain. . . . . + 228 .0
Le soufre. . . . . + 111 .0
L'eau. . . . . 0 .0

qui est la température à laquelle le corps, pris solide, se liquéfie et, en ce qui concerne l'*eau* (le fait n'a pas encore été démontré pour les trois autres corps), la température à laquelle le corps, pris liquide, se solidifie sous l'influence des *vibrations*.

Quand on prend de l'*or*, de l'*argent*, du *cuivre* ou du *plomb*, liquide, et fait refroidir lentement ce corps sous une cloche, à l'abri des vibrations, comme précédemment, le thermomètre n'accuse aucune intermittence, dans son abaissement graduel, depuis le moment où il a été plongé dans le métal liquide jusqu'au moment où on le retire du métal solide, ce qui fait qu'on ne sait pas à quelle température ce dernier a commencé à se solidifier.

Si, quand ils sont suffisamment froids, on casse les huit corps précités, on constate que :

Les quatre premiers affectent une structure d'autant plus intégralement *cristalline* que la durée du refroidissement a été plus longue ;

Les quatre derniers accusent une structure fibreuse, c'est-à-dire *amorphe*. Pourquoi?

Est-ce parce que, solides, le *bismuth*, l'*étain*, le *soufre* et l'*eau* ont, toujours, la structure *cristalline*, tandis que l'*or*, l'*argent*, le *cuivre* et le *plomb* ont, toujours, la structure *amorphe?* Non, car, d'une part, le *bismuth*, l'*étain*, le *soufre* et l'*eau*, pris liquides et solidifiés suffisamment brusquement, prennent une structure *amorphe;* d'autre part, l'*or*, l'*argent*, le *cuivre* et le *plomb*, pris liquides et refroidis suffisamment lentement, prennent une structure *cristalline*.

Bien plus, tous ces corps, pris solides et affectant leur structure *amorphe*, acquièrent la structure *cristalline*, sans liquéfaction préalable, sous l'influence du ramollissement produit par le recuit à une température suffisamment élevée et suffisamment prolongée.

Le *fer*, pris solide et fibreux, acquiert la structure *cristalline* sous l'influence du recuit, à la chaleur blanche, prolongé pendant huit jours, à l'abri du contact de l'air.

Le même métal, pris solide et fibreux, soumis aux vibrations, soit d'une fenêtre donnant sur une rue fréquentée, soit à l'état d'essieu de voiture non suspendue, soit à l'état de tige de sonde battant à une grande profondeur, acquiert la structure *cristalline* (1).

On peut, donc, poser, en principe, que, d'une part, les *vibrations* et le *recuit* sont des agents favorables à la *cristallisation* des huit corps précités ; d'autre part, le *calme* et le *refroidissement*

____

(1) Le *fer cristallisé*, chauffé au rouge et étiré au laminoir, devient *nerveux*, parce que les cristaux, ramollis par la température, se convertissent en fils sous l'influence de l'étirage. Il est évident que, là, il n'y a pas de calorique latent de liquéfaction renfermé dans le métal et que, si ce dernier reste nerveux, c'est parce que ses cristaux ne peuvent pas se reformer. Dans l'eau, les cassures sont à grains fins.

brusque sont des agents favorables à la prise de la structure *amorphe* par ces corps liquides quand ils se solidifient.

Pourquoi?

Quand le *bismuth*, l'*étain*, le *soufre* et l'*eau* liquides, commencent à se solidifier sous l'influence d'une température inférieure à la température normale du changement d'état physique, l'élévation de la température, qui a lieu à ce moment, ne peut provenir que du calorique latent rendu sensible par suite de la solidification partielle du corps liquide. Si la température normale n'est pas dépassée, c'est parce que la partie solidifiée est prête à se reliquéfier.

D'un autre côté, du moment où l'*eau*, soumise aux vibrations, se solidifie à 0° tandis que, calme, elle ne se solidifie qu'à — 12°, il est évident que ce corps éprouve une certaine difficulté à ce que, en mécanique industrielle, on appelle : *démarrer*, et que les *vibrations* jouent le rôle de force accélératrice initiale en présence de l'inertie des molécules de ce corps. C'est, sur un autre théâtre, l'histoire de la *locomotive*, qui démarre sous l'influence de la vapeur, à haute pression, et du mélange d'*oxygène* et d'*hydrogène* qui détone sous l'influence d'une étincelle électrique.

En outre, si l'*eau*, dépourvue de vibrations, commence à se solidifier à — 12°, c'est parce que sa cohésion croît en raison inverse du carré de la distance de ses molécules, distance qui diminue avec l'abaissement de la température.

Est-ce la difficulté qu'ils éprouvent à se solidifier ou la difficulté qu'ils éprouvent à émettre, à l'état sensible, leur calorique latent de liquéfaction, qui fait que le *bismuth*, l'*étain*, le *soufre* et l'*eau*, liquides et calmes, ne commencent à se solidifier qu'à une température notablement inférieure à la température normale du changement d'état physique? Si c'est la difficulté qu'ils éprouvent à se solidifier qui les fait se comporter ainsi, il est évident que l'*or*, l'*argent*, le *cuivre* et le *plomb* doivent se comporter comme eux; or ces quatre derniers corps, placés, liquides, dans les mêmes conditions de refroidissement, se solidifient sans qu'on s'en aperçoive, c'est-à-dire sans accuser la moindre émission, à l'état sensible, de calorique latent de liquéfaction ; il faut, donc, absolument, reconnaître que ce qui fait obstacle à la solidification des corps, quand ils ont atteint la température normale du changement d'état physique, c'est la présence du calorique latent de liquéfaction et que, quand ils ne peuvent parvenir à se débarrasser de ce fluide, ils se solidifient quand même; seulement, alors, leur structure solide n'est pas la même que quand ils sont dépourvus de calorique latent.

Voilà pourquoi les huit corps précités, pris liquides et refroidis suffisamment brusquement, prennent une structure *amorphe*, en se solidifiant, tandis que, quand ils sont refroidis suffisamment lentement, ils prennent une structure *cristalline*. Voilà, aussi, pourquoi les mêmes corps, pris solides et *amorphes*, deviennent *cristallisés* sous l'influence d'un *recuit* suffisant ou des *vibrations*.

La conclusion, à tirer de là, est que : ceux des huit corps précités, qui affectent une structure *amorphe*, renferment leur calorique latent de liquéfaction, tandis que ceux qui affectent une structure *cristalline* ne renferment pas de calorique latent de liquéfaction ; si, donc, dans les recherches concernant les *capacités calorifiques* des corps solides et les *chaleurs latentes* des liquides, on n'a pas tenu compte de la structure des corps expérimentés, on est arrivé à des résultats complétement erronés.

D'après M. *Despretz* (Pelouze et Frémy, *Chimie*, 1865, t. I, p. 495), « on peut rendre évidente « la *chaleur latente* du *soufre mou*, en le plongeant dans de l'eau dont la température est un peu « inférieure à 100°. La chaleur, qu'abandonne le *soufre*, devient bientôt assez grande pour faire entrer l'eau en pleine ébullition. »

D'après M. *Regnault* (Cahours, *Chimie*, 2ᵉ édit., t. I, § 175), « quand on réchauffe le *soufre mou* « à une température de 90 à 95°, au lieu de l'abandonner à la température ordinaire, on peut « facilement constater, si l'on dispose au centre de la masse la boule d'un thermomètre, que la « température du *soufre* s'élève graduellement jusqu'à 114°; ce corps fond et reprend alors « toutes ses propriétés primitives. »

Le *sélénium* (Regnault), pris solide et vitreux, puis chauffé lentement jusqu'à 97°, s'échauffe, de lui-même et très-rapidement, jusqu'à 200 ou 300° et entre en fusion. Si, ensuite, le refroidissement est suffisamment lent, ce corps prend une structure *cristalline* en se solidifiant et ne possède plus la propriété dont il joussait à l'état vitreux ; mais, si, fondu, il a été refroidi brusquement, il reprend sa structure vitreuse, c'est-à-dire *amorphe*.

Vous trouvez-vous suffisamment éclairés par ces explications? Je l'ignore.

DEUXIÈME PARTIE.

*Tous les composés homogènes de la nature, qui ne sont pas des corps composés,
sont des dissolutions.*

—

J'ai consacré la première partie de cet ouvrage à démontrer que tous les phénomènes qu'accusent les corps solides, sous l'influence de la *trempe* (1) *froide* ou *chaude, énergique* ou *douce*, sont exclusivement dus aux deux structures : *cristalline* ou *amorphe*, qu'accusent les *substances* solides, suivant qu'elles ont émis ou n'ont pas émis, à l'état sensible, leur calorique latent de liquéfaction, soit sous l'influence de la trempe froide au moment de la solidification, soit sous l'influence de la trempe chaude, quand elles sont solides.

Je vais, maintenant, démontrer que les corps qui donnent lieu aux phénomènes les plus remarquables de la trempe : les *aciers*, ne sont pas des *substances composées*, mais des *composés de substances* indépendantes.

———

CHAPITRE I.

LE FER ET LE CARBONE NE SE COMBINENT PAS ENTRE EUX, COMME L'OXYGÈNE ET L'HYDROGÈNE,
MAIS SE DISSOLVENT, COMME L'EAU ET LE SUCRE.

Assez d'autres, sans moi, feront parler la ville, en traitant de la pluralité des composants dans l'acier. N'admettant que deux composants dans l'acier, mathématiquement pur : le *fer* et le *carbone*, je ne veux plus connaître qu'une question de l'acier, la suivante :

Le *fer* et le *carbone* sont-ils susceptibles de former, entre eux, une *combinaison définie*, un CARBURE DE FER?

Certains chimistes disent : oui; moi, je dis : non, et voici comment je démontre que mes adversaires sont dans l'erreur et que je suis dans le vrai.

———

(1) Je tiens essentiellement à ce que le mot *trempe* ne signifie pas exclusivement : refroidissement brusque, parce que le refroidissement brusque est un cas particulier. Ce que j'appelle trempe, froide ou chaude, énergique ou douce, s'appelle, d'ordinaire, trempe et recuit, ce qui est insuffisant. Quand on projette une goutte d'eau dans un creuset de platine chauffé au *blanc*, il y a trempe, comme quand on plonge une barre d'acier *rouge* dans l'*eau*.

On lit, dans le *Résumé des recherches de M.* Frémy *sur l'aciération* (Pelouze et Frémy, *Chimie,* 1865, tome III, pages 444 et 445) :

« Ainsi, en chauffant dans un creuset à triple enveloppe imperméable, et dans lequel la circu-
« lation des gaz était impossible, une barre de fer dont la base était en contact avec du charbon
« pur et qui, dans toute son étendue, se trouvait entourée d'une poussière inerte comme la chaux
« ou la magnésie, l'auteur a reconnu que le charbon placé à la base de la barre de fer dispa-
« raissait complétement, se trouvait comme aspiré par le métal, circulait dans la masse pour
« former des composés différemment carburés. »

Bien avant, quand j'étais dans les aciéries, j'avais cémenté des fers de *Suède,* de *Russie* et de l'*Ariége* dans du graphite naturel d'Allemagne, préalablement calciné, et j'avais obtenu de l'acier ne différant, en rien, de celui obtenu par la cémentation dans du charbon de bois.

Si M. *Frémy,* et moi, ne sommes pas dans l'erreur, il faut conclure, du fait précité, que, quand le *fer* et le *carbone* sont en contact, à la température rouge-cerise, au moins, il y a réac-tion, physique ou chimique, et absorption du *carbone* par le *fer.*

Si la réaction est *chimique,* il y a génération d'un *carbure de fer ;* si, au contraire, la réaction est *physique,* il y a *phénomène capillaire.*

Karsten, admettant que, quand le *fer* et le *carbone* réagissent l'un sur l'autre, il peut y avoir génération d'un *carbure de fer,* dit (*Manuel de la métallurgie du fer,* 1830, tome I) :

Paragraphe 182. « Ce qui précède fait voir clairement que le carbone se combine avec le fer de plusieurs manières.

« La *fonte grise* peut être regardée comme un *mélange* de *fer aciéreux* et de *graphite.*

« La *fonte blanche* grillée, devenue grise et douce, est un composé de *fer aciéreux* et d'un *car-bure de fer* dans lequel le carbone domine; l'*acier non trempé* est de même nature.

« L'*acier trempé* et la *fonte blanche* sont des composés de fer et de carbone dans lesquels ce
« dernier est toujours uni à toute la masse du métal, en proportions variables, à la vérité,
« mais toujours de la manière la plus homogène.

« § 317. Le carbone se trouve donc contenu dans le fer de trois manières différentes : 1° à
« l'état de *carbone libre* ou de *graphite;* 2° combiné avec toute la masse du *fer;* 3° enfin, à l'état
« de *polycarbure* dissous dans toute la masse.

« § 323. Le fer carburé (la fonte ou l'acier) doit être considéré comme un alliage de deux
« métaux, qui est toujours homogène à l'état liquide, puisque cette homogénéité subsiste après
« un prompt refroidissement. »

M. *Dumas,* admettant, comme *Karsten,* que le *fer* et le *carbone* sont susceptibles de former, entre eux, un composé à proportions définies, dit (*Chimie,* 1831, tome III, page 75) :

« Il résulte de l'ensemble de ces analyses que toutes les fontes renferment, comme principes
« essentiels, du *carbone* et du *silicium,* et qu'elles peuvent être considérées comme des mélanges
« indéfinis de carbure et de siliciure de fer. Dans toutes le carbure de fer paraît être un carbure
« quadribasique formé de 97 fer et 3 de carbone. Ce carbure est associé dans la *fonte grise* à un
« siliciure quadribasique en quantité variable et formé de 94 fer pour 6 de silicium sur 100. Ce
« même carbure quadribasique est associé dans la *fonte blanche* à un siliciure octobasique et
« même sedecembasique? »

Mais, allez-vous dire, pourquoi *Karsten* et *Dumas* se contentaient-ils d'admettre que le fer et le carbone sont susceptibles de se combiner entre eux et de donner naissance à des *carbures de fer?*

Le principe de la nomenclature chimique de *Lavoisier* est le suivant (*Cahours, Chimie,* 1860, t. I, § 24) :

« Tous les composés de la nature peuvent être représentés par deux corps qui se juxtaposent,
« que ceux-ci soient simples ou composés; il y a toujours, pour former une nouvelle substance,
« association de deux corps qui se rapprochent jusqu'à un certain point, dont la juxtaposition
« fait naître le composé lui-même. »

Quand on cémente le *fer* dans du *charbon* pur, il y a absorption du *carbone* par le métal; donc,
il y a formation d'un ou de plusieurs *carbures de fer; C. Q. F. D.*

Il paraît que cette manière de démontrer que le fer et le carbone sont susceptibles de se combiner, entre eux, ne paraît pas suffisamment rigoureuse à *Berthier*, car, en 1833 (*Annales des
mines*, 3ᵉ série, tome III, page 229), il essaye de démontrer, lui-même, que le carbure de fer
n'est pas un mythe.

Ici, je ne saurais mieux faire que laisser la parole à M. *Grüner*, aujourd'hui inspecteur général
des mines, professeur de *métallurgie du fer* à l'École des mines (*Bulletin de la Société de l'industrie minérale*, tome Iᵉʳ, page 603) :

« Cependant, M. *Jullien* nous permettra, dès maintenant, quelques observations :

« 1° Nous admettons volontiers que la *fonte* et l'*acier* sont de *véritables* dissolutions; mais
« est-il bien certain que ce soit le carbone et non, comme le dit *Karsten*, le carbure de fer, qui
« se trouve en dissolution dans le fer?

« M. Berthier a prouvé, en attaquant des fragments d'acier fondu (acier Huntzmann) par de
« l'eau chargée d'iode et de brome, que ce composé était, en réalité, un mélange très-intime
« (ou plutôt une dissolution) de carbure de fer F C dans le fer. . . . . »

En 1841, quinze ans ans avant le réquisitoire de M. *Grüner*, *Berthier* ayant fait l'analyse d'un
acier à filières d'Allemagne d'une très-grande dureté, avait écrit (*Annales des mines*, 3ᵉ série,
tome XIX, page 695) :

. . . .

. . . .

. . . .

« Il se dissout dans l'acide muriatique sans laisser le moindre résidu, et le gaz qui se dégage
« n'a aucune odeur désagréable. *En le traitant par le brome, il reste du charbon noir parfaite-
« ment pur* dont la proportion s'élève à 0,05.

« Cette matière est donc remarquable : c'est du fer carburé, saturé de carbone, exempt de
« toute substance étrangère, et dans lequel le carbone se trouve en totalité à l'état de combi-
« naison comme dans la fonte blanche. . . . . »

En d'autres termes :

« Ce que je me suis empressé d'annoncer, en 1833, comme le résultat d'une réaction com-
« plète, n'était que le résultat d'une réaction incomplète : l'acier, attaqué par de l'eau chargée
« de *brome*, se décompose en *bromure de fer* soluble et *carbone* insoluble qui se dépose. »

En 1852, après trois mois d'observations et d'essais faits dans les forges de *Montataire* (Oise),
j'adresse, à l'*Académie des sciences*, un Mémoire dans lequel je dis (*Compte rendu des séances de
l'Académie des sciences*, 5 avril et 7 juin 1852) :

« Le *fer* et le *carbone* ne se *combinent* pas entre eux, comme l'*oxygène* et l'*hydrogène*, mais se
« *dissolvent*, comme l'*eau* et le *sucre;*

« L'*acier*, chauffé au rouge, est une disolution de *carbone* liquide dans le *fer* solide ;

« L'*acier trempé* est une dissolution de *carbone cristallisé* dans le *fer amorphe;*

« L'*acier doux* est une dissolution de *carbone amorphe* dans le *fer amorphe ;*

« L'*acier* sortant de la caisse à cémenter est une dissolution de *carbone amorphe* dans le *fer*
« *cristallisé.* »

En 1860, M. *Cahours*, aujourd'hui membre de l'*Académie des sciences*, écrit (*Chimie*, tome II, § 728) :

« Maintenant, sont-ce des dissolutions, dans le métal, d'un véritable *carbure de fer*, ou simple-
« ment de *carbone pur ?*

« Il est plus difficile, ici, de se prononcer *à priori ;* cependant on peut dire, en faveur de la
« seconde opinion, qu'il est inconcevable que le *fer*, mis en présence d'un excès de *carbone* à une
« température convenable, n'en absorbe jamais plus de 5.25 pour 100 du composé, c'est-à-dire
« ne se combine avec lui qu'en partie et non en totalité. »

En 1861 (*Comptes rendus....*, tome LII, pages 321, 415, etc.), M. *Frémy*, ayant découvert la présence de l'*azote* dans les aciers du commerce, croit pouvoir en conclure que ce gaz est, avec le *fer* et le *carbone*, partie constituante de l'*acier* et proclame ce composé : un *azoto-carbure de fer*.

Et, en 1867, la *Société d'encouragement*, présidée par M. *Dumas*, dit : La constitution de l'acier n'est pas connue.

Ce qui est connu, aujourd'hui, c'est que ceux qui admettent que le *fer* et le *carbone* sont susceptibles de former, entre eux, un composé à proportions définies des composants, ne peuvent pas le démontrer.

Revenons à la cémentation directe du *fer* dans le *carbone* pur. M. *Frémy* dit :

« *Cette expérience établit nettement la circulation d'un corps* SOLIDE *dans la masse d'un autre
« corps* SOLIDE *et explique le phénomène de la carburation, due à l'action directe du charbon sur le
« fer.* »

Moi, je dis :

« *Cette expérience établit nettement la circulation d'un corps* LIQUIDE *dans la masse d'un autre
« corps* SOLIDE *et explique le phénomène de la carburation, due à l'action directe du charbon sur le
« fer.* »

Lequel de nous deux est dans l'erreur : celui qui prétend que le *carbone* est SOLIDE, ou celui qui prétend que le *carbone* est LIQUIDE, dans l'*acier*, chauffé au rouge-cerise, température initiale de la cémentation?

Tout d'abord, peut-il y avoir circulation du *carbone* dans le *fer*, donnant naissance à des produits différemment carburés, c'est-à-dire à divers *carbures de fer ;* car, s'il n'y a pas *combinaison*, M. *Frémy* et moi sommes d'accord.

Pour que le *carbone* circule dans le métal, et non dans les divers *carbures de fer* qu'il engendre avec ce dernier, il faut supposer que la *réaction chimique* marche du centre à la surface du métal et non de la surface au centre. Or, le phénomène de la cémentation démontre, tous les jours, que la carburation du *fer* s'effectue de la surface au centre et qu'une barre imparfaitement cémentée, soumise à la *trempe*, accuse une cassure de *fer* à nerf entouré d'acier trempé.

De son côté, M. *Grüner* dit (*De l'acier et de sa fabrication*, 1867, page 99) :

« Ce mouvement des molécules solides, longtemps nié, paraît se rattacher à l'ordre des
« faits découverts par M. *Tresca*, dans ses intéressantes expériences sur la fluidité des corps
« solides. »

Si, donc, il y a circulation du *carbone* dans le *fer*, comme le prétendent M. *Frémy*, M. *Grüner* et moi, c'est peut-être parce que ces deux corps ne se combinent pas entre eux. S'ils se combinent entre eux, il y a circulation du *carbone* dans le *carbure de fer* préalablement formé, et non dans le métal pur.

Parlons, maintenant, de l'ÉTAT PHYSIQUE du *carbone*, la question capitale :

Si le *fer* et le *carbone* ne se combinent pas entre eux, quand « le charbon placé à la base de

« la barre de fer disparaît complétement, se trouve comme aspiré par le métal, circule dans la
« masse, » il y a, tout simplement, *phénomène capillaire*.

Peut-il y avoir *phénomène capillaire* entre deux corps solides?

M. *Frémy* dit : oui; moi, je dis : non, et je conclus, du phénomène de la *cémentation* que, du
moment où il est absolument impossible de démontrer que le *fer* et le *carbone* forment, entre
eux, une *combinaison définie*, ces deux corps ne se combinent pas et qu'il y a *phénomène capillaire* entre le *fer solide* et le *carbone liquide*.

Que ressort-il de la théorie de M. *Frémy*, alors? Une explication très-contestable du phénomène de la cémentation.

Que ressort-il de la mienne? Une *explication* INCONTESTABLE *de la trempe*.

Dans son ouvrage intitulé : *De l'acier et de sa fabrication* (1867), M. *Grüner* dit (page 97) que
M. *Margueritte* se trompe, quand il semble admettre qu'on ne pourrait obtenir de la *fonte* en
cémentant du *fer* dans l'*oxyde de carbone*, attendu que M. *Stammer* y est parvenu en faisant agir,
pendant huit jours consécutifs, de l'*oxyde de carbone* sur le *fer*.

Pour avancer un fait pareil, il me semble qu'il faudrait être à même de définir la *fonte*.

MM. *Stammer* et *Grüner*, qui cherchent ce qu'est l'*acier*, savent-ils ce qu'est la *fonte ?*

Considérant la fonte comme un acier impur, je me demande comment M. *Stammer* a pu fabriquer de la *fonte* en n'employant que les composants de l'acier mathématiquement pur, c'est-
à-dire du *fer* et du *carbone*.

Pour que l'assertion de M. *Stammer* fût vrai, il me semble qu'il eût fallu d'abord démontrer
qu'il y a des *fontes* qui ne contiennent que du *fer* et du *carbone*. . . . .

. . . .

M. *Stammer* a, probablement, pris de l'*acier à facettes* pour de la *fonte*.

Voici une anecdote qui va vous édifier sur l'importance qu'il faut attribuer aux composants,
quand il s'agit de *fonte* et d'*acier*.

Il y a quelques années, partant de ce principe que l'acier est, avant tout, un alliage de *bore*,
de *carbone* ou de *silicium* avec un métal quelconque, je voulus faire de l'acier au *carbone* et à
l'*aluminium*.

Dans son *Traité de chimie* (1860, tome II, page 239), M. *Cahours* dit :

« L'*aluminium* forme avec le *carbone* et surtout avec le *silicium* une combinaison analogue à
« la fonte ; cette combinaison est grise, grenue, cassante et susceptible de cristalliser. »

Je me dis : Si l'*aluminium* est pur, ce renseignement doit être erroné. Sur ce, je mets, dans un
creuset brasqué, un mélange d'*aluminium* et de charbon de bois. Je soumets le tout à l'action
d'un violent feu de forge et, quand je suppose la réaction terminée, je recommande de mettre
le creuset froid dans mon cabinet; puis je sors. En rentrant, trois heures après, dans ledit cabinet, je sens une odeur de *chlorure de zinc*, à me faire croire que je suis encore dans la plom-
berie de *Montataire*. Je cherche d'où cela peut provenir et je découvre mon creuset dans un
coin : c'était lui le coupable. Comme M. *Cahours*, j'avais obtenu un composé *grisâtre, grenu* et
cassant que j'ai remis à M. *Paul Morin*, lui-même.

Est-ce le *silicium* du creuset qui, dans ce cas, uni au *carbone*, convertit l'*aluminium* en fonte
d'*aluminium?* Je ne puis que signaler le fait; ce qui est certain, c'est que le métal, vendu sous le
nom d'*aluminium* pur, contient du *chlorure d'aluminium;* vous savez pourquoi, et cela doit
vous faire réfléchir, concernant l'accueil peu sympathique que vous faites à ma manière de voir,
concernant la *dissolution*.

Aussi, je ne crains pas de répéter, à M. *Stammer*, ce que j'ai dit plus haut : ou vous avez
obtenu de la *fonte*, parce que votre fer était des plus impurs; ou vous avez obtenu de l'*acier à*

facettes ; la fonte est un *acier impur* et le composé, ne renfermant que du *fer* et du *carbone*, est de l'ACIER, même quand la proportion de *carbone* s'élève à 5 pour 100.

Je conclus, de ce chapitre que :

1° Jusqu'ici, il a été impossible de démontrer l'existence même d'un seul *carbure de fer.*

2° MM. *Frémy* et *Grüner* paraissent assez disposés à admettre, avec moi, que, pendant la cémentation du *fer* dans le *charbon de bois,* il y a *phénomène capillaire.* Seulement, pour eux, le *carbone* est SOLIDE, tandis que, pour moi, le *carbone* est LIQUIDE, pendant la réaction.

CHAPITRE II.

DE LA DISSOLUTION.

J'ai dit (page 2) en quoi consiste le principe de la *nomenclature chimique,* concernant les composés à proportions *définies* des composants.

Ce principe étant insuffisant pour expliquer les composés solides à proportions *indéfinies* des composants, il en est un autre que *Pelouze,* traitant du *verre,* développe ainsi, en 1867 (*Comptes rendus,* tome LXIV, page 61) :

« Il n'y a rien là qui soit contraire aux lois des proportions chimiques, et les exemples de
« l'ordre de ceux que je viens de citer ne sont pas rares. L'oxyde d'antimoine peut être fondu
« en toutes proportions avec l'acide antimonique et même avec le sulfure d'antimoine, le pro-
« toxyde de fer avec le sesquioxyde, le protoxyde de cuivre avec le bioxyde, les sulfates neutres
« avec les bisulfates alcalins, etc.

« *Berthollet,* dans sa discussion si mémorable avec *Proust,* admettait qu'entre le *maximum* et
« le *minimum* d'oxydation ou de sulfuration d'un métal il pouvait y avoir un nombre infini de
« degrés.

« *Proust,* au contraire, s'appliqua à démontrer que ces idées étaient inexactes, et que les mé-
« taux ne forment, avec le soufre ou l'oxygène, qu'un très-petit nombre de combinaisons à pro-
« portions invariables ; que, par exemple, tous les degrés intermédiaires que l'on avait cru
« obtenir entre un protoxyde M O et un bioxyde M O^2 ne sont que des mélanges de ces deux
« combinaisons. »

Malheureusement, il n'y a pas que des composés *solides,* à proportions indéfinies des composants ; il y a, aussi, des composés *liquides,* que l'on nomme *dissolutions* et des composés
gazeux, que l'on nomme *mélanges.* Tous ces composés sont-ils de même nature ou de natures
différentes ? Telle est la question qu'il s'agit d'examiner ici. M. *Chevreul* dit bien (*Comptes rendus
des séances de l'Académie des sciences,* t. LXIII, page 401) :

« Si je n'ai jamais hésité à adopter l'opinion de *Proust* discutant avec *Berthollet* sur les com-
« binaisons en proportions définies, je n'ai jamais pensé, avec quelques chimistes, que l'on
« devait établir une ligne de démarcation entre l'*affinité,* la force qui produit des *combinaisons*
« *définies,* et la force de *dissolution,* qui produit des *combinaisons indéfinies.* Dans l'état actuel de
« nos connaissances, je n'admets qu'une force attractive que je distingue avec tous les chimistes
« en *affinité* et en *cohésion,* et précisément parce qu'il existe des circonstances où des matières

« différentes s'unissent sans produire ce qu'on appelle une *combinaison définie* ou une *dissolu-*
« *tion*, et que ces unions se faisant très-fréquemment intéressent, non-seulement l'économie des
« corps vivants, l'économie industrielle, l'économie domestique, mais encore la *chimie générale*,
. . . .

Mais cela ne résout nullement la question, comme vous allez voir, quand il va s'agir des composés *liquides* à proportions *indéfinies* des composants.

Quand un composé, à proportions *indéfinies* des composants, est SOLIDE, *Karsten* dit :

« L'*acier trempé* et la *fonte blanche* sont des composés de fer et de carbone dans lesquels ce
« dernier est toujours uni à toute la masse du métal, en PROPORTIONS VARIABLES, à la vérité,
« mais toujours de la manière la plus homogène. »

Berthier dit :

« Cette matière est donc remarquable : c'est du fer carburé, saturé de carbone, exempt de
« toute substance étrangère, et dans lequel le carbone se trouve en totalité à l'état de combi-
« naison comme dans la fonte blanche. »

Berzélius dit :

« Il est difficile d'admettre que les diverses sortes de verres soient des combinaisons *définies*.
« On doit les considérer comme des *dissolutions solidifiées*, dont les principes constituants, à
« l'état liquide, peuvent varier de plusieurs manières, etc. »

Pelouze dit :

« La manière la plus rationnelle d'expliquer l'innombrable variété des verres, dont il s'agit,
« consiste à admettre qu'ils résultent d'un simple mélange de combinaisons définies. »

M. *Dumas* dit :

« Il résulte de l'ensemble de ces analyses que toutes les fontes renferment, comme principes
« essentiels, du *carbone* et du *silicium* et qu'elles peuvent être considérées comme des MÉLANGES
« indéfinis de *carbure* et de *siliciure* de fer. »

Quand un composé, à proportions *indéfinies* des composants, est LIQUIDE, oh! alors, tout le monde est du même avis : c'est une *dissolution*. Seulement, il y a deux opinions, concernant la dissolution ; d'une part :

1° *Berthollet* dit (*Statistique chimique*, 1803, tome Ier, page 59) :

« Toute action chimique entre deux substances différentes produit un effet analogue à celui
« qui est dû à l'affinité mutuelle des molécules similaires. . . . .
. . . .

« C'est à cette réunion de deux substances, ainsi qu'à l'acte qui l'a produite, que l'on donne
« le nom de combinaison.

« Il résulte de là que la *dissolution est une véritable combinaison, et que son action la plus faible*
« *est due à la même cause :* La seule différence qu'il y ait entre elles est relative à l'aspect sous
« lequel on les envisage : dans la dissolution, on porte principalement son attention sur la liqui-
« dité qu'un corps solide acquiert par la combinaison et surtout sur l'uniformité des parties du
« liquide composé ; la même idée s'applique à la dissolution gazeuse. Dans la combinaison, on
« considère principalement les autres propriétés du combiné qui s'est formé et qui résultent de
« l'union de ses éléments, en les comparant avec celles qu'avaient les substances qui se sont
« combinées : le plus souvent la dissolution n'est due qu'à une faible combinaison qui n'a pas
« fait disparaître les propriétés caractéristiques du corps dissous. »

2° *Liébig* dit (*Introduction à l'étude de la Chimie*, traduction *Gérhardt*, 1837, § 45) :

« Lorsqu'un corps solide *se combine* avec un corps liquide et que le produit de la combinaison
« est lui-même liquide, l'on nomme cette combinaison une *dissolution*.

« Dans une dissolution la force de cohésion du corps solide se trouve anéantie par *affinité* « *chimique* du liquide. » •

Je cherche, alors, ce que l'auteur entend par *combinaison*, et je trouve (§ 38) :

« *Affinité*. Lorsqu'on met en contact deux corps hétérogènes, leurs propriétés s'altèrent ou « bien restent inaltérées.

« § 39. La cause qui effectue l'altération des propriétés des corps hétérogènes en contact est « due à une force particulière, différente de celle de cohésion, appelée *affinité chimique.* »

3° *H. Sainte-Claire Deville* dit (*Leçons sur la dissociation*, 1866, page 257) :

« L'affinité principalement, définie comme la *force* qui préside aux combinaisons chimiques, « a été pendant longtemps et est encore une cause occulte, une sorte d'Archée à laquelle on « rapporte tous les faits incompris, que l'on considère dès lors comme expliqués, tandis qu'ils « ne sont que classés, et souvent mal classés. »

Page 259 :

« Il n'y a donc qu'une chose bien urgente : c'est de définir la combinaison elle-même. Si je « cherche avec attention l'état de nos connaissances à cet égard, je trouve d'abord que la défi- « nition de la *combinaison* doit comprendre la *dissolution*, et ne doit exclure que le mélange. « En effet, les phénomènes de dissolution et de combinaison sont liés par une chaîne continue « qu'il est impossible de rompre en un seul point. Tout le monde sait que des discussions inter- « minables se sont livrées sur cette question, par exemple à propos des alliages métalliques et de « leur liquation ; à propos des sels, des acides, des bases énergiques et de leur action sur l'eau, « l'alcool, etc. La conclusion la plus sûre qu'on en puisse tirer, c'est qu'*il y a tous les intermé-* « *diaires possibles* entre les phénomènes de combinaison et les phénomènes de dissolution les « mieux caractérisés. »

Page 261 :

« Mais il y a une différence capitale entre les *effets* produits lorsqu'on verse de la potasse dans « de l'acide sulfurique et les *effets* observés quand on met du sel marin au contact de l'eau. »

Page 262 :

« Il ne faudrait pas, néanmoins, donner à ces différences dans les propriétés chimiques pour « une combinaison, des propriétés physiques pour une dissolution, une valeur exclusive. Nous « savons tous, d'après les belles expériences d'Henri Rose, que des dissolutions très-étendues « de carbonates alcalins, de borax, ont des réactions chimiques essentiellement différentes de « celles que possèdent leurs dissolutions concentrées. *Cette remarque suffit dès maintenant pour* « *faire voir une fois de plus que les phénomènes dus à des changements d'état ne peuvent être rangés* « *en deux catégories distinctes : la combinaison et la dissolution.* »

Ces trois opinions, bien que ne concernant que la dissolution liquide, se résument dans la suivante, émise par M. *Grüner* :

« J'admets la *dissolution du carbone dans le fer ;* mais, pour moi, *dissolution* est, déjà, *combi-* « *naison,* je vous l'ai dit cent fois. »

D'autre part :

1° *Berzélius* dit (*Chimie,* 1845, tome I", page 407) :

« L'affinité, sur laquelle repose la dissolution d'un corps solide dans un liquide, n'est pas « identique avec l'affinité d'où dépend la combinaison chimique, et ne doit pas être confondue « avec cette dernière. Partout où l'affinité chimique est en action, il y a dégagement de chaleur, « tandis que, quand la force dissolvante est mise en jeu, il y a absorption de chaleur et abaisse- « ment de température. . . . .

« . . . .

« Si l'on prend, par exemple, 10 parties de *sulfate* sodique préalablement réduit en poudre
« et chauffé au rouge, qu'on y verse 13 1/2 à 14 parties d'eau, et qu'on remue le tout, on voit
« que le mélange se chauffe et se prend, après quelque temps, en une masse solide. Celle-ci étant,
« alors, réduite en poudre et dissoute dans l'eau, la température s'abaissera fortement. Nous
« reconnaissons donc, dans ce cas, qu'il existe une différence déterminée entre la combinaison
« chimique d'un corps avec l'*eau* et l'union qui constitue sa dissolution dans ce liquide. Cette
« dernière est, plutôt, analogue à la force que nous appelons capillarité ou attraction par les
« surfaces. La dissolution ne change rien aux propriétés des corps dissous, qui passent seule-
« ment de la forme solide à la forme liquide et parviennent, par la mobilité des atomes, à un
« état tel que la force de combinaison s'exerce plus facilement, et à une température à laquelle
« elle aurait été sans action dans les corps solides. »

2° *Chevreul* dit (*Mécanique chimique;* Pelouze et Frémy, *Chimie,* 1865, tome Iᵉʳ, page 148) :
« Deux cas se présentent dans la solution des solides par un liquide : dans le premier, *on n'a*
« *aucune raison de croire que les molécules du solide soient changées dans leur constitution; elles*
« *sont simplement désagrégées. L'action dissolvante l'emporte sur la force de cohésion moléculaire.*
« Dans le deuxième cas, les molécules du solide éprouvent un changement de composition. »

Ces deux opinions, bien que ne concernant que la dissolution liquide, peuvent se résumer
dans la suivante, émise, en 1868, par M. *H. Sainte-Claire Deville* (*Les Mondes,* 16 janvier 1868,
page 91) :

« *Diffusion des gaz.* — La venue, à Paris, du brave M. Ansell, l'inventeur des appareils destinés
« à mettre en évidence le grisou des mines de houille et à conjurer ses dangers, nous a conduit,
« jeudi dernier, au cours de chimie de M. Henri Sainte-Claire Deville, à la Sorbonne. C'était
« pour nous l'occasion bienheureuse de constater que le nouveau et ardent professeur a modifié
« profondément l'enseignement en quelque sorte stéréotypé de ses prédécesseurs. *Il a fait à la*
« *science moderne une place considérable;* il a consacré, par exemple, une leçon tout entière à
« l'étude si importante des phénomènes de la diffusion des gaz, l'occlusion des gaz par les mé-
« taux, la pénétration des gaz à travers les plaques poreuses, à travers les membranes de caout-
« chouc et de parchemin, à travers les parois des tubes métalliques, etc. ; il a répété les belles
« expériences qu'il fit avec M. Troost, celles de M. Graham, de M. Cailletet, de M. Ansell, etc.
« *Cette glorieuse émancipation de la routine, ce tribut glorieux payé au progrès* nous ont causé
« une joie bien vive. M. Henri Sainte-Claire Deville rattache, et il a raison, les phénomènes
« d'occlusion des gaz à la THÉORIE DE LA DISSOLUTION ; il admet, par conséquent, que l'hydro-
« gène, accumulé en quantité si énorme dans le platine ou le palladium, est à l'état liquide.
« N'aurait-il pas fallu qu'il allât plus loin, jusqu'à l'état solide, que doit nécessairement amener
« la dissolution par un solide ? »

Quand un composé, à proportions indéfinies des composants, est GAZEUX, tout le monde est
d'accord, absolument : c'est un *mélange.*

L'*air* atmosphérique est un mélange d'*oxygène* et d'*azote;* avant l'explosion, il y a mélange
d'*oxygène* et d'*hydrogène,* dans l'Eudiomètre.

Récapitulons :

Quand le composé, à proportions *indéfinies* des composants, est SOLIDE, comme quand il est
GAZEUX, on est assez disposé à le considérer comme un *mélange moléculaire* qu'il ne faut pas confondre avec le mélange *particulaire* dont la *fonte grise* et le *granit* constituent des types tout à
fait réussis. Je n'aurais aucun reproche à adresser à cette manière de voir, si l'on n'en avait
abusé pour créer des composés imaginaires :

Que *Karsten* et *Berthier,* aux abois, se tirent d'affaire en définissant l'acier une combinaison de *carbone* avec toute la masse du *fer;* on comprend que, là, leur science étant en défaut, ils disent : combinaison, comme ils diraient : composé.

Que *Berzélius*, ne se souciant pas de rechercher ce que peut bien être une dissolution, quand elle se solidifie, se tire d'affaire, en disant : les verres sont des *dissolutions solidifiées*, on lui pardonne, en disant : voilà de la besogne, sur la planche, pour les jeunes chimistes. Mais, à quoi sert d'inventer des composés imaginaires, surtout quand on est professeur de chimie?

En ce qui concerne les composés LIQUIDES, à proportions *indéfinies* des composants, la chose n'est pas moins grave. On sait si peu ce qu'est la *dissolution*, que, à deux années de distance, le plus intelligent, à mes yeux, de tous les chimistes de l'*Académie des sciences*, émet deux opinions absolument contraires.

Pourquoi tant se presser de définir, quand on ne sait pas?

Pourquoi, d'un autre côté, faire le vide autour des opinions qui contredisent celles qui ont été si inutilement émises par vous?

Quelle excuse peut-on avoir, quand on dit : tous les composés de la nature, etc., etc. . . . . , ou : tous les composés solides, à proportions indéfinies des composants, sont des mélanges de composés à proportions définies? quelle presse y a-t-il, pour lancer de pareilles théories? pour dire : les verres sont des mélanges de silicates, à proportions fixes, moins connues et plus difficiles à préparer, etc. . . ; pour supposer que le *fer* et le *carbone*, le *fer* et le *silicium* sont susceptibles de se combiner entre eux?

Il y a une réponse : nous croyons que tous les composés de la nature. . . .. et, alors . . . . ?

Mais, votre maître, *Lavoisier*, n'avait pas dit un mot de cela ; vous le compromettez, tout en l'admirant.

J'en suis fâché, mes bons ; mais voilà vingt ans que je trime, et je ne suis pas immortel, comme vos principes ; permettez-moi, donc, pendant que je suis encore de ce monde, de défendre ma queue :

Il m'est profondément antipathique de rechercher s'il convient d'établir une différence entre les composés, à proportions *indéfinies* des composants, SOLIDES, et les composés, à proportions *indéfinies* des composants, LIQUIDES, surtout, depuis que, parlant de l'acier *solide*, M. *Grüner* a dit : J'admets la *dissolution* du *carbone* dans le *fer;* depuis que M. *H. Sainte-Claire Deville* a dit : l'*hydrogène* est à l'état de *dissolution* et liquide, dans le *palladium* solide.

On sait ce qu'ont réalisé de progrès, en chimie, la théorie de *Proust*, concernant les composés solides, à proportions *indéfinies* des composants; la théorie de *Berthollet, Liebig, H. Sainte-Claire Deville*, concernant les composés liquides, à proportions *indéfinies* des composants.

Je vais exposer ce qui résulte, à mes yeux, du théorème suivant, savoir :

Les composés, à proportions *indéfinies* des composants, sont, tous, de même nature, quel que soit leur état physique, c'est-à-dire : des mélanges moléculaires différant des mélanges particulaires, comme la nature vivante diffère de la nature morte; *sub invocatione* de M. *Claude Bernard*.

Tout d'abord, pour vous allécher, permettez-moi de débuter par un exemple :

1° Du briquet à gaz *hydrogène*.

Vous savez que, quand on dirige un jet d'*hydrogène* sur de la *mousse de platine*, cette dernière devient incandescente et, si l'expérience a lieu en plein air, le jet d'hydrogène prend feu.

Pourquoi? M. *H. Sainte-Claire Deville*, de 1868, va vous l'expliquer, sans s'en douter :

Quand l'hydrogène gazeux pénètre dans les pores de la *mousse de platine*, il passe immédiatement de l'état gazeux à l'état liquide et émet, à l'état sensible, son calorique latent de *gazéifica-*

tion. Il y a, alors, élévation, au rouge-cerise, de la température du métal primitivement froid et ignition du gaz *hydrogène*, sortant du gazogène, au contact de l'*oxygène* de l'air.

2° Ce que sont les composés *solides, liquides* et *gazeux*, à proportions indéfinies des composants.

Newton a dit :

« Toutes les molécules de la matière s'attirent en raison directe de leurs masses et en raison « inverse du carré de leur distance. »

Moi, je dis :

« Toutes les molécules, *homogènes* ou *hétérogènes*, de la matière s'attirent en raison directe de « leurs masses et en raison inverse du carré de leur distance. »

Quand, à force de s'attirer, les molécules *homogènes* ou *hétérogènes*, de la matière se rencontrent, il arrive, de deux choses l'une, savoir :

Ou elles se *juxtaposent* et constituent des corps ;

Ou elles s'*accouplent* et donnent naissance à des *molécules composées* qui, en se *juxtaposant*, constituent aussi des *corps*, ou, en s'*accouplant*, donnent aussi naissance à des *molécules composées*, et ainsi de suite.

Je déduis, de là, qu'il y a deux espèces de cohésions moléculaires, savoir :

La cohésion *physique*, génératrice du *corps*, par *juxtaposition* entre les molécules *homogènes* ou *hétérogènes*, en présence ;

La cohésion *chimique*, génératrice de la *molécule composée*, par *accouplement* entre molécules, *homogènes* ou *hétérogènes*, en présence.

Et quatre cas de cohésion, savoir :

1er cas. Cohésion *physique* entre molécules *homogènes ;*

2e cas. Cohésion *physique* entre molécules *hétérogènes ;*

3e cas. Cohésion *chimique* entre molécules *homogènes ;*

4e cas. Cohésion *chimique* entre molécules *hétérogènes.*

Puis, je nomme : *substance*, le résultat de la cohésion physique entre molécules homogènes ; *dissolution*, le résultat de la cohésion physique entre molécules hétérogènes.

Raisonnons, si c'est possible.

Nous admettons tous, avec *Newton*, que l'élément de la matière est : la *molécule ;*

Nous admettons tous que le *corps* est une réunion de molécules *juxtaposées*, un nombre dont la molécule est l'unité ;

Nous admettons tous que l'*oxygène* et l'*hydrogène*, l'*oxygène* et l'*azote*. . . . . peuvent vivre ensemble sans se combiner. Or, quand ces substances vivent ensemble sans se combiner, elles constituent des mélanges de molécules *hétérogènes*, comme les substances pures constituent des mélanges de molécules *homogènes*. On peut donc dire que, dans les deux cas, il y a constitution de *corps*, par juxtaposition entre molécules indéfiniment rapprochées.

La loi de *Newton* dit, en toutes lettres, qu'il n'y a pas de ligne de démarcation à établir entre la force qui crée la *substance*, et la force qui crée la *dissolution ;* dans les deux cas, la *cohésion* est le résultat final de l'attraction universelle, quand les molécules se rapprochent.

Il n'y a, donc, entre les *substances*, c'est-à-dire les composés, à proportions indéfinies, de molécules *homogènes*, et les *dissolutions*, c'est-à-dire les composés, à proportions indéfinies, de molécules *hétérogènes*, d'autre différence que celle qui résulte de la nature même des molécules juxtaposées.

Je suis, donc, d'un avis absolument opposé à celui de M. *Chevreul*, quand, après avoir défini la *dissolution* liquide comme *Berzélius*, il vient dire, comme *Berthollet, Liebig* et *H. Sainte-*

Claire Deville (n° 1), qu'il n'y a pas de ligne de démarcation à établir entre la force qui crée les *molécules composées*, par accouplement entre molécules composantes, et la force qui crée les corps, par juxtaposition entre molécules *hétérogènes*.

Berthollet est, certainement, plus logique, quand il dit (*Statique chimique*, tome Ier, page 1) :

« Les puissances qui produisent les phénomènes chimiques sont toutes dérivées de l'attraction « mutuelle des molécules des corps à laquelle on a donné le nom d'affinité, pour la distinguer « de l'attraction astronomique. »

C'est-à-dire : la *dissolution* et la *combinaison*, qui sont de même nature (*Statique chimique*, tome Ier, page 59), ne diffèrent de la substance que parce que, dans la *substance*, les molécules juxtaposées sont *homogènes*, tandis que, dans la *dissolution* et la *combinaison*, les molécules juxtaposées sont *hétérogènes*.

Remarquez que, en 1868, c'est-à-dire hier encore, M. *Dumas* écrivait :

« 5° Enfin, que d'un côté les doctrines qui tentaient d'expliquer les phénomènes chimiques « par une cause distincte, inconnue, ou de les rattacher à l'électricité, sont demeurées stériles, « tandis que celles qui tendent à les faire rentrer sous les lois de l'attraction universelle se con- « solident, s'approprient de plus en plus aux faits, et indiquent de mieux en mieux la route qui « s'ouvre devant nous pour le progrès de la science. »

Voici, donc, la situation :

Substance : réunion de molécules *homogènes* juxtaposées.

Dissolution : composé, en proportions indéfinies, de molécules *hétérogènes*, juxtaposées.

Combinaison : molécule composée de molécules composantes accouplées.

Vous voulez que la dissolution soit, comme la combinaison : une *molécule composée*. Moi, je veux que la dissolution soit, comme la substance : un *corps* ne différant de cette dernière que parce que les molécules juxtaposées sont *hétérogènes*, tandis que, dans la substance, elles sont *homogènes*.

Conséquemment, la force qui crée la *molécule composée*, par accouplement, en proportions *définies*, de molécules composantes, n'est pas la même que celle qui crée le *corps*, soit substance, soit dissolution, par juxtaposition, en proportions indéfinies, entre molécules *homogènes* ou *hétérogènes*.

Voilà pour le côté *Statique* de la question; envisageons maintenant le côté *Dynamique* :

En *Physique*, on dit qu'il y a *phénomène capillaire*, en général, toutes les fois que deux substances, ne pouvant donner naissance à un phénomène *chimique*, mises en présence, pénètrent l'une dans l'autre, comme l'*eau* dans une éponge, par exemple.

Or, il est reconnu que, pour qu'il y ait *phénomène capillaire* entre deux substances différentes, il faut que l'une de ces deux substances, au moins, soit *liquide* ou *gazeuse;* que, même, il peut y avoir phénomène capillaire entre deux parties d'une même substance affectant des états physiques différents, par cette raison que, dans ce cas, comme dans l'autre, il ne peut y avoir que juxtaposition. Cela ne veut pas dire que la cohésion chimique n'exige pas le phénomène capillaire préalable, attendu que, à mes yeux, le *soufre* n'entre en combinaison, avec le *fer* et le *cuivre*, que quand il a atteint la température à laquelle il devient liquide, en présence de ces corps. Seulement, ce point de vue de la question est étranger à mes recherches, en ce sens qu'il est exclusivement chimique. Ce qui m'intéresse, tout particulièrement, c'est le fait physique suivant :

Le *fer* et le *carbone* ne se combinent pas entre eux; cependant, quand on cémente le fer solide dans du *carbone* pur, ce dernier pénètre dans le métal et le convertit en *acier*.

Ce fait ne peut avoir lieu que parce qu'il y a *phénomène capillaire* entre les deux corps. Le *fer* étant resté *solide,* c'est le *carbone* qui s'est liquéfié au contact du métal et a permis au phénomène capillaire d'avoir lieu.

Cette manière de voir est-elle confirmée par les faits? Vous allez en juger par les résultats :

La cémentation n'ayant lieu qu'à la température rouge-cerise, au moins, j'en conclus que, au rouge-cerise, le *carbone* est à l'état liquide dans l'acier.

Comme, sous l'influence de la *trempe,* l'acier acquiert une dureté comparable à celle du *diamant ;* comme, sous l'influence du refroidissement lent, l'acier devient aussi doux que du fer ; comme l'acier trempé et recuit se convertit en acier doux, je dis :

Quand le *carbone* liquide se solidifie brusquement, il prend sa structure *cristalline* et devient *diamant;* quand, au contraire, il se solidifie lentement, il prend sa structure *amorphe* et devient *graphite;* quand, enfin, on recuit le *diamant* (Jacquelain et Despretz), il devient *graphite;* d'où, la conclusion précitée (page 26) :

« Le *fer* et le *carbone* ne se *combinent* pas entre eux, comme l'*oxygène* et l'*hydrogène,* mais se « *dissolvent,* comme l'*eau* et le *sucre;*

« L'*acier,* chauffé au rouge, est une dissolution de *carbone* liquide dans le *fer* solide ;

« L'*acier trempé* est une dissolution de *carbone cristallisé* dans le *fer amorphe;*

« L'*acier doux* est une dissolution de *carbone amorphe* dans le *fer amorphe;*

« L'*acier* sortant de la caisse à cémenter est une dissolution de *carbone amorphe* dans le *fer* « *cristallisé.* »

Ce qu'il fallait démontrer.

TROISIEME PARTIE.

Explication de la trempe.

CHAPITRE I.

DE LA TREMPE ET DU RECUIT DES COMPOSÉS QUE FORMENT, ENTRE EUX, LE FER ET LE CARBONE.

Les composés, que forment entre eux le *fer* et le *carbone*, se divisent en deux catégories parfaitement distinctes, savoir : les *aciers* et les *fontes*.

Les *aciers* sont des composés, plus ou moins *purs*, de *fer* et de *carbone* qui, fondus et refroidis lentement, ne déposent pas de *graphite* en se solidifiant.

Les *fontes* sont des composés, plus ou moins *impurs*, de *fer* et de *carbone* qui, fondus et refroidis lentement, déposent du *graphite* en se solidifiant.

En quoi ces deux catégories de composés diffèrent-elles l'une de l'autre?

Berthier a démontré (voir page 26) que, quand on fond ensemble un mélange de *fer* et de *carbone* parfaitement purs, le fer peut dissoudre, au plus ou au moins (l'expérience est à refaire, quant au chiffre), 5 pour 100 de *carbone* et, après solidification lente, donner un acier très-vif, de qualité supérieure. Comme la fonte grise est, d'après Karsten (voir page 25), un mélange de *fer aciéreux* et de *graphite*, il faut en conclure que, quand le fer liquide tient, en dissolution, du carbone et divers autres composants, le carbone est le moins soluble et se dépose le premier, sous l'influence de la solidification lente. Il résulte, de là, que plus le métal est pur, plus il est possible de lui faire dissoudre du *carbone*, sans que, pour cela, il cesse de rester acier, en se solidifiant lentement.

Réciproquement, quand on veut que le composé soit de l'acier, moins le métal est pur, moins il faut lui faire dissoudre de carbone. Dans le premier cas, on peut obtenir des *aciers* d'autant plus *vifs* que le métal est plus pur, en les saturant d'une plus forte dose de *carbone;* dans le second cas, au contraire, les *aciers*, pour ne pas devenir *fontes*, doivent être d'autant plus *doux*, c'est-à-dire d'autant moins saturés de *carbone* que le métal est moins pur.

Quand le mélange des composants de la dissolution liquide se fait à discrétion et même à indiscrétion, comme dans les hauts fourneaux, le résultat de la réaction, après solidification lente ou brusque, est une fonte contenant jusqu'à 5,25 pour 100 de carbone (Karsten) et 5 pour 100 de matières étrangères.

Les propriétés que les matières étrangères communiquent au fer carburé sont absolument étrangères aux phénomènes de la trempe et du recuit. Il y a des corps, comme le *soufre*, qui font cristalliser le *carbone*, même sous l'influence du refroidissement lent; il en est d'autres, comme le *phosphore*, qui empêchent la cristallisation du *carbone*, même sous l'influence du refroidissement brusque. Ce sont, là, des cas particuliers qui n'infirment, en rien, les principes sur lesquels est fondée l'explication de la trempe et du recuit. Dans la trempe et le recuit des fers carburés, le *carbone* est l'acteur principal, les autres ne sont que les comparses; supprimez le carbone, et il n'y a plus de phénomènes.

Pour expliquer les phénomènes de la trempe et du recuit, il n'y a donc lieu à envisager l'*acier* et la *fonte* que dans leur état normal qui est, pour l'*acier*, l'état de pureté complète, quelle que soit la dose du *carbone* sur 100 *fer* et, pour la *fonte*, l'état d'impureté complète, correspondant à la *fonte de moulage*.

1° Trempe et recuit de l'acier.

Les phénomènes qu'accusent la trempe et le recuit de l'acier dérivent tous de la propriété, dont jouit le *carbone*, d'être liquide dans l'acier chauffé au rouge-cerise :

Vous prenez une barre d'acier méplat, de 8 à 10 millimètres d'épaisseur, et la chauffez au rouge-cerise. Le carbone qu'elle renferme se liquéfie: quand vous supposez qu'elle est chaude à cœur, vous la plongez dans de l'eau aussi fraîche et aussi pure que possible, c'est-à-dire dans de l'eau douée de sa plus grande capacité calorifique, puis vous agitez la barre dans tous les sens, afin de renouveler les surfaces en contact. Quand elle est froide, cassez-la : sa texture, qui, tout à l'heure, était d'un gris soyeux, est devenue blanche, brillante et à grains fins ; de plus, cette barre, qui, tout à l'heure, se laissait limer et buriner comme du fer, a acquis une dureté comparable à celle du diamant. C'est que, en effet, son carbone liquide a cristallisé et est devenu diamant, en se solidifiant sous l'influence du refroidissement brusque.

Recuisez lentement cette barre : le carbone cristallisé émet, à l'état sensible, son calorique latent de liquéfaction et devient graphite, absolument comme quand *Jacquelain* et *Despretz* recuisent le diamant pur. Si, à un moment donné, vous plongez, de nouveau, la barre recuite dans l'eau et la cassez, vous constatez qu'elle accuse deux textures : une texture d'acier doux, enveloppe, et une texture d'acier trempé, centrale.

L'acier trempé et décapé, par le fait même de la trempe, prenant, sous l'influence du recuit, les colorations suivantes, savoir : jaune, orangé, rouge, violet, indigo, bleu, vert, l'expérience indique à laquelle de ces colorations il faut arrêter le recuit, pour obtenir le degré de recuit exigé par l'usage auquel ou destine l'objet fabriqué.

J'ai dit (page 10) qu'on pouvait convertir l'acier chauffé au rouge en acier trempé, sans le plonger dans l'eau fraîche et qu'il suffit, pour cela, de l'étirer en tôle suffisamment fine ; je n'insiste pas sur ce point déjà traité.

Le fer *amorphe* cristallisant (page 21) sous l'influence du recuit prolongé, il y a nécessairement trois structures de l'acier solide, savoir :

1° Structure de l'*acier trempé* ou dissolution de *carbone cristallisé* dans le *fer amorphe ;*

2° Structure de l'*acier doux* ou dissolution de *carbone amorphe* dans le *fer amorphe ;*

3° Structure de l'*acier* sortant de la caisse à *cémenter* ou dissolution de *carbone amorphe* dans le *fer cristallisé*.

Ces trois structures, nous allons les retrouver dans la fonte et, en général, dans toutes les dissolutions, quand il n'y a pas d'empêchement provoqué par certaines autres propriétés des composants, comme dans le bronze, par exemple.

2° Trempe et recuit de la fonte.

La fonte liquide est, comme je l'ai dit plus haut, une dissolution, plus ou moins impure, de carbone liquide dans le fer liquide.

Quand on la coule, suffisamment chaude, dans une lingotière métallique froide, le carbone cristallise, en se solidifiant, sur une épaisseur d'autant plus grande que l'épaisseur de la lingotière est, elle-même, plus considérable, et on obtient de la *fonte blanche* ou *dissolution de carbone cristallisé dans le fer amorphe plus ou moins impur.*

La définition de l'*acier trempé* étant : dissolution de carbone cristallisé dans le fer amorphe plus ou moins pur, on voit que la fonte blanche ne diffère de l'acier trempé que par l'excès d'impuretés qu'elle renferme.

Si on recuit la fonte blanche, le carbone cristallisé prend la structure amorphe. Alors, comme le fer solide ne peut dissoudre la même quantité de substances que quand il est liquide ; comme, en outre, le carbone est la moins soluble de toutes ces substances, il y a dépôt de graphite analogue à celui que l'on constate dans une dissolution liquide, quand, sous l'influence d'un réactif, la liqueur se trouble ; seulement, comme, ici, le dissolvant est solide, la fonte blanche devient fonte grise douce, c'est-à-dire mélange atomique de fer amorphe aciéreux, plus ou moins impur, et de graphite.

Si, au lieu de couler la fonte liquide dans une lingotière froide, on la coule dans une lingotière *chaude*, le carbone prend sa structure amorphe en se solidifiant, et on obtient, encore, de la fonte grise et douce.

Si, au lieu de couler la fonte en lingotière, on la coule en *sable vert*, on obtient encore de la fonte grise et douce, dite : fonte mécanique, parce qu'elle se laisse presque travailler comme du fer.

Si, enfin, on coule la fonte liquide dans un moule épais, en sable d'étuve, dans lequel la solidification est très-lente, on obtient de la fonte grise à facettes, ou mélange de fer cristallisé, aciéreux et plus ou moins impur, et de graphite.

Quant à la présence du soufre qui fait cristalliser le carbone et donne de la fonte blanche, même quand on coule en sable d'étuve ; quant à la présence du phosphore qui empêche la cristallisation du carbone, même quand on coule en lingotière froide, je n'en parle pas ici : je pose la règle, le principe, et ne traite pas des exceptions. Il faut lire mes autres ouvrages, pour savoir ce que je dis à ce sujet.

Comme l'acier, la fonte possède ses trois structures, savoir :

1° Fonte *blanche* ou dissolution de carbone cristallisé dans le fer amorphe ;

2° Fonte *grise douce* ou mélange de fer amorphe et de graphite ;

3° Fonte *grise à facettes* ou mélange de fer cristallisé et de graphite.

Comme le fer de la fonte grise est plus ou moins aciéreux, c'est-à-dire saturé de carbone amorphe en dissolution, si on chauffe, au rouge-cerise, une plaquette de fonte grise et la plonge dans l'eau fraîche, on la convertit en mélange d'acier trempé et de graphite. Ceci pourrait être considéré comme une quatrième structure, provenant de ce que, dans la fonte grise, le carbone dissous est, à volonté, amorphe ou cristallisé.

CHAPITRE II.

DE LA TREMPE ET DU RECUIT DU BRONZE.

On lit, dans le *Manuel des alliages métalliques*, par M. *A. Hervé*, officier supérieur d'artillerie (1839, page 117) :

« Voici, d'après M. *Thénard*, la description du *bronze* composé de 11 *étain* pour 100 *cuivre* :

« Solide, jaunâtre, plus dense que ne l'est la moyenne des métaux qui le constituent; plus
« tenace, plus dur et plus fusible que le *cuivre;* légèrement malléable; abandonnant et laissant
« couler une partie de l'*étain* qu'il contient, lorsqu'on l'expose à une chaleur de 400 à 500 de-
« grés. . . . . ; »

Puis (page 120) :

« *Bronze ou métal des tam-tams et des cymbales.* —L'alliage des tam-tams a été souvent analysé.
« On y a toujours trouvé 78 de cuivre et 22 d'étain. Sa densité est de 8,815.

« Celui des cymbales a été l'objet d'un grand nombre d'épreuves faites par M. *Darcet*, qui a
« trouvé pour la composition moyenne d'un grand nombre de ces instruments 80 de cuivre
« et 20 d'étain.

« On tirait autrefois, à grands frais, les tam-tams et les cymbales de la Chine et de la Turquie,
« et les essais de fabrication de ces instruments, faits en France, sont restés d'abord infruc-
« tueux, parce que, comme on pouvait s'y attendre, l'alliage se brisait par le choc. Mais
« M. *Darcet,* qui s'est beaucoup occupé de ces recherches, a enfin trouvé la solution du pro-
« blème. Elle repose sur une propriété remarquable du bronze, dont la découverte est due à ce
« célèbre chimiste. C'est que le bronze devient très-malléable par la trempe.

« Prenez deux petits lingots refroidis lentement, l'un de métal de canon, l'autre de métal
« de cloche : le premier sera légèrement ductile, le second sera cassant; faites-les rougir
« au feu et plongez-les dans l'eau froide; tous deux présenteront une cassure qui sera jaunâtre
« au lieu d'être d'un blanc grisâtre comme d'abord, et acquerront la propriété de pouvoir être
« forgés. Cette observation importante a mis à même de fabriquer en France, avec succès, les
« cymbales et les tam-tams, pour lesquels on était précédemment tributaire de l'étranger. En
« effet, lorsqu'on examine ces instruments, l'on reconnaît qu'ils ont été travaillés au marteau.
« Il faut donc que d'abord ils soient coulés, puis chauffés au rouge et plongés dans l'eau froide.
« Devenus malléables par la trempe, ils reçoivent la forme qu'ils ont; après quoi, sans doute, on
« les chauffe de nouveau jusqu'à un certain point, et on les laisse refroidir tranquillement pour
« les rendre plus ou moins aigres et leur donner beaucoup de sonorité.

« M. *Darcet* a doté l'école de Châlons du nouvel art dont il a enrichi l'industrie française. »

Partant de ces faits et des explications que j'ai données, dans le chapitre IV, concernant les
composés que forment, entre eux, le *fer* et le *carbone,* je dis :

Le *cuivre* et l'*étain* ne se combinent pas, entre eux, mais se dissolvent, comme le *fer* et le
carbone ;

Le *bronze,* chauffé au rouge sombre, est une dissolution d'*étain* liquide dans du *cuivre* solide ;

Le *bronze,* refroidi lentement, est une dissolution d'*étain cristallisé* dans du *cuivre amorphe;*

Le *bronze,* trempé, est une dissolution d'*étain amorphe* dans le *cuivre amorphe.*

Voilà pourquoi, quand on le chauffe à 400 ou 500 degrés, le *bronze* abandonne et laisse couler une partie de l'étain qu'il contient. Pourquoi n'abandonne-t-il pas tout l'*étain* qu'il contient? Pour la même cause qui fait que l'éponge, mouillée et fortement comprimée, retient l'*eau* : la capillarité.

Voilà, aussi, pourquoi le *bronze* trempé est malléable, les deux métaux, qui le composent, étant amorphes, c'est-à-dire *fibreux*.

Il reste une troisième structure du *bronze* résultant du recuit suffisamment prolongé pour faire cristalliser le cuivre. Or, comme l'expérience de M. *Thénard* le démontre, lorsqu'on recuit suffisamment le bronze solide, l'étain s'écoule presque intégralement; si, au contraire, on le met en fusion dans un creuset et le force à se solidifier très-lentement, la presque totalité de l'étain se sépare et remonte à la surface du bain. Cette structure est donc impossible et, du reste, sans importance.

Quelques mois après la Commune, en 1871, un journal qui, comme le Vaudeville, devrait prendre pour devise : *Castigat ridendo mores*, raillait agréablement un individu qui avait dit, dans un club:«Je suis gendre d'un colonel d'artillerie; or, mon beau-père m'a dit que les canons, fondus pendant le siége, ne pourraient pas servir contre les *Prussiens*, parce que, pour être propre au service, il faut qu'un canon ait, au moins, trois mois de repos après la coulée. »

Si, comme le journal en question, vous éprouvez le besoin de rire, lisez, auparavant, ce qui suit :

En Chine, quand la pâte à porcelaine est préparée, on ne s'en sert pas; on la met dans des *silos* où elle doit rester cent et deux cents ans, avant d'être employée (J. Dumas).

Vous allez, sans doute, me répondre que ce fait n'a aucun rapport avec la fonderie des canons. En voici un autre d'autant plus intéressant, aujourd'hui, qu'il est question de substituer l'acier au bronze, pour la construction de ces engins de guerre :

MM. *Jackson* frères, d'*Assailly*, ayant appris que, à *Sheffield*, on était dans l'usage de laisser reposer, pendant six mois, dans des caves, les lingots d'acier fondu de qualité supérieure, eurent l'idée d'imiter les Anglais et remarquèrent ce fait bizarre, qui ne sera pas démenti : pendant ce macérage des lingots accumulés, en quantité énorme, il arrive fréquemment qu'un lingot éclate avec violence et soulève tous ceux qui sont au-dessus de lui.

Après ce que je viens de dire, plus haut, concernant la trempe de l'acier, ce phénomène ne vous surprend probablement pas; il démontre que la cristallisation du carbone, provoquée par la lingotière, et anéantie par la température intérieure, reprend ses droits, quand la température s'abaisse. Incontestablement, à mes yeux, les lingots, qui éclatent en cave, doivent être de qualité inférieure et posséder du *soufre*, l'agent le plus actif de la cristallisation du carbone dissous dans le fer; mais, en même temps, cela démontre que, dans le bronze, le travail de la cristallisation de l'*étain* peut n'être pas absolument terminé, lorsque la pièce fondue est froide.

N'oublions pas que le bronze mathématiquement pur n'existe généralement pas : le *cuivre* fond à 1,500 degrés environ; l'*étain* fond à 225 degrés. Si, quand le cuivre est en fusion, on y plongeait l'étain, même avec des tenailles, il s'évaporerait presque intégralement. Le *plomb*, au contraire, qui fond à 330, ne se volatilise qu'à une température d'au moins 1,000 degrés. En plongeant du plomb dans le bain de cuivre, on fait un alliage dont le point de fusion est moindre que celui du cuivre, ce qui permet de laisser refroidir le bain, sans détruire sa liquidité. Quand le bain est suffisamment froid, on ajoute du *zinc*, dont le point de fusion est d'environ 500 degrés, mais qui s'évapore bien avant le point d'évaporation du plomb. Cette évaporation, qui n'est jamais intégrale, refroidit le bain, et le *zinc,* qui reste allié, abaisse encore le point de fusion du cuivre. C'est alors, seulement, qu'on ajoute l'étain avec succès. Je dis : avec succès, bien que l'alliage du cuivre et de l'étain soit un des plus difficiles à obtenir, à cause de la différence qui existe tant entre les points de fusion des deux métaux qu'entre leurs densités.

Voilà pourquoi les bronzes sont généralement impurs et doivent, comme l'acier fondu impur, continuer le travail de la cristallisation de l'étain, pendant un certain temps.

Pourquoi ce travail est-il nécessaire à la résistance des bouches à feu? Si le cuivre, qui est fibreux, était assez résistant, on n'y ajouterait pas de l'étain. Si, donc, l'*étain* est nécessaire pour les bouches à feu, il le doit à sa cristallisation ou à la construction qui, en vertu de la loi de l'attraction universelle, augmente la ténacité. Si la résistance du bronze est le fait de la contraction des deux métaux, je ne vois pas en quoi le travail de la cristallisation est utile. Si l'expérience indique qu'il faut laisser reposer les bouches à feu, pendant trois mois, après la coulée, c'est que la cristallisation de l'étain est nécessaire. Mais, soyez-en sûr, c'est là qu'il faut chercher les causes, dans les accidents des bronzes.

CHAPITRE III.

DE LA TREMPE ET DU RECUIT DES VERRES, POTERIES ET ROCHES IGNÉES.

Dans les *forges*, on donne le nom de : *scories crues*, aux *laitiers* de fonte ayant, pour composition, en moyenne :

Silice.	35.00
Bases.	65.00
	100.00

On y donne le nom de : *scories douces*, aux laitiers de fonte ayant, pour composition, en moyenne :

Silice.	15.00
Bases.	85.00
	100.00

Les premières constituent un *verre;* les secondes ressemblent à une *poterie* fondue.

Entre ces deux espèces de laitiers, on rencontre des petits *cristaux, vert olive, octaédriques*, à bases triangulaires parallèles et surbaissées, qui, analysés par M. *Mitscherlich*, ont accusé la composition suivante :

Silice.	31.
Protoxyde de fer.	67.24
Magnésie.	0.05

c'est-à-dire :

Pour Si = 92.6

Si O.	192.6.	. .	30.5
Fe O.	439.0.	. .	69.5
			100.0

Pour Si = 277.8

$$\begin{array}{lll}
\text{Si O}^3 \ldots \ldots \ldots & 577.8. \ldots & 30.5 \\
3 \text{ Fe O} \ldots \ldots \ldots & 1317.0. \ldots & 69.5 \\
\hline
 & & 100.0
\end{array}$$

On a, donc, pour scories crues :

$$\begin{array}{lll}
\text{Silice.} \ldots \ldots \ldots & \text{plus de} & 30.5 \\
\text{Bases.} \ldots \ldots \ldots & \text{moins de} & 69.5
\end{array}$$

et pour scories douces :

$$\begin{array}{lll}
\text{Silice.} \ldots \ldots \ldots & \text{moins de} & 30.5 \\
\text{Bases.} \ldots \ldots \ldots & \text{plus de} & 69.5
\end{array}$$

Et cela, quelles que soient les proportions de *silice* ou de *bases* en excès, dans les scories.

J'en ai conclu qu'il n'y a, dans les forges, qu'un *silicate de protoxyde de fer* et que les *scories* sont, en général, des dissolutions, dans ce *silicate neutre*, d'un excès d'*acide* ou de *base*. J'en ai conclu, également, que les verres et poteries, qu'ils soient à base de *chaux*, de *soude*, de *potasse*, etc., sont, comme les scories, les produits solides résultant de la dissolution d'un excès de base dans un *silicate neutre* et que *Pelouze* est, absolument, dans l'erreur, quand il dit (*Comptes rendus*, tome LXIV, page 61) :

« La manière la plus rationnelle d'expliquer l'innombrable variété de verres dont il s'agit « consiste à admettre qu'ils résultent d'un simple mélange de combinaisons définies. »

Ou : « Par application aux idées si nettes de *Proust,* dont les progrès de la chimie n'ont fait » que confirmer l'exactitude, les verres seraient formés, ainsi que je l'ai dit, par le *mélange d'un* « *petit nombre de silicates à proportions aussi fixes et aussi simples que celles des sulfures, des* « *oxydes, des chlorures, des sulfates, etc.* Il n'y aurait entre eux aucune différence, sinon que les « silicates dont se composent les verres sont moins connus et plus difficiles à préparer que les « composés auxquels on vient de les comparer. »

Voyons quelles sont les conséquences de ma manière de voir :

D'après *Pelouze* (*Comptes rendus*, tome LXIV, pages 53 et 54), les *verres*, que l'on fabrique dans les glaceries de *Saint-Gobain*, renferment :

$$\begin{array}{lll}
\text{Silice.} \ldots \ldots & 77.04. \ldots \ldots & 73.05 \\
\text{Soude.} \ldots \ldots & 15.51. \ldots \ldots & 11.79 \\
\text{Chaux.} \ldots \ldots & 7\ 41. \ldots \ldots & 15.16 \\
\hline
 & 99.96 & 100.00
\end{array}$$

Comme il est facile de s'en convaincre, ces verres sont, d'après ma théorie, des dissolutions, dans un silicate neutre de *soude* et de *chaux*, d'un excès de l'un des composants, la *silice*.

J'ai dit (page 13) que, *amorphe,* ou *cristallisée,* la *silice* est incolore et transparente.

Il résulte des essais que j'ai faits à *Montataire,* que le *silicate neutre de protoxyde de fer,* pris liquide et coulé sur une plaque métallique froide, cristallise en se solidifiant ; refroidi très-lentement, ou pris solide et recuit, il devient *amorphe* et *opaque.*

J'en conclus que, comme le *carbone,* les *silicates neutres,* pris liquides, cristallisent et conservent leur calorique latent de liquéfaction, sous l'influence de la solidification brusque, tandis que, sous l'influence du recuit, ils prennent leur structure *amorphe*, en abandonnant leur calorique latent de liquéfaction. De là, l'explication suivante de la *trempe du verre* :

Je prends du verre *liquide*, c'est-à-dire une dissolution de *silice* liquide dans un silicate neutre liquide ; je verse ce verre, en gouttelettes, dans de *l'eau fraîche* et j'obtiens ce que l'on nomme : *larmes bataviques*, d'une dureté et d'une fragilité extrêmes.

Que s'est-il passé ?

D'après ce que j'ai dit concernant la solidification brusque de la *silice*, d'une part, et du silicate neutre, d'autre part, ainsi que relativement à la dilatation (pages 15 et 18) résultant, généralement, de la cristallisation, il arrive que :

La *silice* devient *amorphe* en se solidifiant, et tend à se contracter ; le *silicate neutre cristallise*, en se solidifiant, et tend à se dilater ; de là, un état d'équilibre instable que le moinde effort peut faire cesser, en produisant une explosion.

Les faits vérifient-ils cette manière de voir ? Jugez-en :

Dans les verreries, on reconnaît que la composition du verre liquide est bonne, quand les *larmes bataviques*, qui en proviennent, éclatent en poudre plus ou moins impalpable, suivant les besoins, au moment où on leur casse la queue. Quand les larmes n'éclatent pas, même quand on casse la queue, le verrier conclut qu'il y a trop de *silice* et que son verre est trop réfractaire, trop difficile à maintenir liquide dans le creuset et pas assez mou au bout de sa canne : la force *contractante* de la *silice amorphe* l'emporte de beaucoup trop sur la force *expansive* du silicate neutre *cristallisé*.

Quand, au contraire, les larmes éclatent dans l'eau, avant qu'on en ait cassé la queue, le verrier en conclut qu'il n'y a pas assez de *silice*, que son verre sera trop liquide pour le travail, trop fragile et trop facilement dévitrifiable sous l'influence du recuit : la force *contractante* de la *silice amorphe* est insuffisante pour résister à la force *expansive* du *silicate neutre cristallisé*.

— Comment vérifier cette explication par une expérience ?

— Au lieu de dire avec *Pelouze :* « Il était intéressant, aussi bien sous le rapport industriel « qu'au point de vue théorique, de rechercher combien on pourrait introduire de sable dans ce « verre ; »

Dites, avec moi : « Il serait intéressant, aussi bien sous le rapport industriel qu'au point de « vue théorique, de rechercher combien il faut retrancher de sable dans ce verre pour que, « pris liquide et coulé sur une plaque métallique froide, il cristallise en se solidifiant. »

D'avance, je vous réponds :

Soit : *Soude :* chaux :: 11.79 : 15.16.

	Silice.	Base.
Na O = 387.50.	5.15.	11.79
Ca O = 350.00.	8.35.	15.16
Si O = 192.60.	13.50.	26.95

Ce qui veut dire, d'après l'analyse de M. *Mitscherlich*, que, dans le verre de *Pelouze*, contenant :

Silice.	73.05
Soude.	11.79
Chaux.	15.16
	100.00

Il y a :

Silice dissoute.	59.55
Silice combinée.	13.50
Soude —	11.79
Chaux —	15.16
	100.00

En nombres ronds :

Silice dissoute.	60.00
Silice combinée.	13.50
Soude et chaux combinées.	27.00

Il y aura, donc, cristaux, sous l'influence de la solidification brusque, dès que le mélange, dans le creuset, sera : 1 de *silice* pour 2 de bases, dans les proportions ci-dessus.

Qu'est-ce que la dévitrification? Suivant les chimistes (Pelouze et Frémy, *Chimie*, 1865, tome II, page 877), une *cristallisation* du verre ; suivant moi, au contraire, l'effet produit par le changement de structure du *silicate neutre cristallisé*, sous l'influence du recuit : le *silicate neutre cristallisé*, *fragile*, *incolore* et *transparent*, devient *amorphe*, *tenace*, *blanc* et *opaque*. Ce que les chimistes prennent pour une *cristallisation* naissante, je le qualifie de : *amorphisme* naissant.

D'après ce que je viens de vous dire, vous comprenez que le verre dévitrifié n'est autre chose qu'une *poterie translucide*, comme la porcelaine *dure*. Remplacez les *silicates neutres* de *potasse*, de *soude*, de *chaux*, cristallisés et transparents, par le *silicate neutre d'alumine*, *amorphe*, *opaque* et blanc, et vous auriez, sans dévitrification, la porcelaine dure, elle-même, si la silice, alliée au silicate d'alumine, pouvait être facilement fusible. Mais, il n'en est pas ainsi : pour rendre la *silice* suffisamment fusible, il faut ajouter, au *silicate d'alumine*, une certaine proportion de *silicate de potasse*. Je dis : *silicate de potasse*, parce que, précisément, la nature donne ce produit tout préparé dans le *feldspath* et le *kaolin*.

Encore un point sur lequel je suis en complet désaccord avec les chimistes.

Selon moi, le *feldspath* est une dissolution d'un excès de *silice* dans un silicate double *d'alumine* et de *potasse*. Selon les chimistes, au contraire, le produit de la nature est un *silicate* double *d'alumine* et potasse. Ce qui, à leurs yeux, démontre qu'il en est ainsi, c'est que le *feldspath* se rencontre *cristallisé*, dans la nature. Mais, comme il contient une très-forte dose de *silice*, ils en concluent, logiquement, que l'équivalent du *silicium* est : 277,8, ce qui les met dans la nécessité de formuler le *silicate de fer :*

$$\text{Si O}^3, 3\,\text{Fe O}$$

Tandis que, avec les autres acides, il ne faut qu'un équivalent d'oxyde de fer, pour saturer un équivalent de l'acide.

De mon côté, je dis : les *silicates neutres*, liquides, *cristallisent*, en se solidifiant, sous l'influence du refroidissement brusque.

Que les *feldspaths* proviennent de la fusion ignée ou de l'évaporation d'un dissolvant, ce qui est certain c'est qu'ils ont *cristallisé* sous l'influence d'une solidification lente. Donc, ce qui est cristallisé, dans le *feldspath*, ce ne sont pas les *silicates neutres*, c'est la *silice* : les *feldspaths* sont des verres recuits excessivement longtemps.

Les faits vérifient-ils cette manière de voir?

Prenez du *feldspath*, mettez-le en fusion à la flamme du chalumeau et laissez refroidir : vous obtenez un *verre* et non une cristallisation.

Le *kaolin* est du *feldspath* dont le *silicate de potasse* a été emporté par les eaux, soit : un mélange de *silicate d'alumine amorphe* et de *silice*.

L'art du porcelainier consiste à ajouter, à ce mélange, une proportion de *feldspath* suffisante pour rendre l'excès de silice fusible, sans déformation, lors de la cuisson des *poteries*.

Quant à la couverte, qui doit être du *verre*, on la fait en *feldspath*. Toute la difficulté, pour cette couverte, consiste à lui donner une composition qui lui permette de retraiter, en se refroidissant, autant que la pâte cuite; sans cela, elle *trésaille* comme les poêles en faïence. D'après ce que j'ai dit, concernant la *larme batavique*, il est incontestable qu'une couverte qui *trésaille* est un *feldspath* insuffisamment siliceux et qu'il faut ajouter du sable fin à la pâte servant à faire l'*émail* des poteries.

J'ai dit (page 18) que, quand la retraite des corps mous, qui durcissent, est régulière, les cassures, qui s'opèrent, doivent être *hexagonales* et que c'est commettre une erreur que dire qu'il y a *cristallisation* là où l'*hexagone apparaît*. Il y aurait, pour un directeur de la *Manufacture de Sèvres,* plus ami de la science que des écus qu'elle procure, un moyen de vérifier mon assertion. Ce moyen consisterait à recouvrir une *plaque coulée* (pas moulée : coulée), d'un émail que l'on sait susceptible de trésailler. J'offre de parier que, si le refroidissement du four est bien égal partout, le trésaillement sera représenté par une marqueterie d'hexagones réguliers.

Après les poteries *translucides,* viennent les poteries *opaques*. Qu'est-ce qu'une poterie opaque? Un mélange de silicate neutre *fusible* avec un grand excès de *silice* ou d'oxydes infusibles à la température de la cuisson; de là, les *grès*, quand c'est la silice qui est en grand excès, et les poteries communes, quand c'est l'*argile*, le *silicate neutre d'alumine,* qui domine.

Si, du *feldspath*, nous passons aux *granits*, que voyons-nous? Que les *roches granitiques* sont, de l'aveu des minéralogistes (Huot, *Minéralogie,* 1841, page 684), des mélanges de substances minérales, des *roches hétérogènes.*

Que renferment ces roches?

Du *feldspath*, du *quartz* et du *mica;* c'est-à-dire, selon moi :

1° Une dissolution de *silice cristallisée* dans le *silicate double d'alumine et de potasse,* amorphe;

2° De la *silice cristallisée,* c'est-à-dire ayant été soumise à un recuit très-longtemps prolongé, à une haute température ou déposée par évaporation très-lente d'un dissolvant, ce qui est peu probable, puisque les *granits* sont classés dans la catégorie des *roches ignées;*

3° Un *silicate multiple* de *fer,* d'*alumine,* de *potasse,* qui doit être *amorphe* (c'est ici que vous pouvez me convaincre d'erreur, si je me trompe).

Pourquoi le *granit* n'est-il pas, tout simplement, un *feldspath?*

Pourquoi, d'une part, un *feldspath* et, d'autre part, du *mica?*

Pourquoi du *quartz* libre?

Tout d'abord, constatons que la *roche ignée liquide,* que crachent les volcans, refroidie brusquement, constitue des *laves* homogènes dont la composition élémentaire est la même que celle des *granits*. Il y a, donc, entre les *laves* et les *granits,* la même différence qu'entre la fonte *blanche* et la fonte *grise.*

Supposez de la *silice* liquide tenant, en dissolution, une série de *silicates* différents. Ce *verre* liquide, refroidi brusquement, donne un verre solide, plus ou moins *transparent* et plus ou moins *coloré,* suivant la nature des silicates neutres *cristallisés* qu'il renferme. Refroidi suffisamment lentement, pour que les *silicates neutres* prennent leur structure *amorphe,* ce *verre* constitue une *poterie*, la lave des trottoirs. Recuit suffisamment, pour que le dissolvant *cristallise*, il constitue le *granit*.

— Mais, pourquoi du *feldspath*, du *mica* et du *quartz*, et non du *quartz*, des silicates d'*alumine*, de *potasse*, de *fer*, etc., *amorphes?*

L'*or*, qui cristallise sous l'influence de l'évaporation lente du *mercure* qui le dissout, retient la proportion de ce métal qu'il peut lui-même dissoudre, en se solidifiant lentement.

Les *métaux précieux*, qui cristallisent en retenant une partie de l'*étain* dans lequel ils ont été dissous, ne font pas autre chose que ce que fait l'*or*.

— Mais, dans les *granits*, ce sont les sels, que vous dites : *amorphes*, qui retiennent du *quartz*, c'est-à-dire de la *silice cristallisée*.

Cela prouve que, *amorphes* ou *cristallisés*, les corps solides ont la puissance de saturation.

— Mais, pourquoi du *feldspath* et du mica? Pourquoi pas tout mica?

— Il est probable que, quand les *silicates* se solidifient, ils ne retiennent de leurs co-dissous que ce qu'ils peuvent retenir.

S'il y a beaucoup plus de *feldspath* que de *silicate de fer* et infiniment plus de *silice* que de *silicates*, le refroidissement lent de la *dissolution liquide* doit avoir, pour effet, de déposer trois composés différents, savoir :

1° Du *mica siliceux;*
2° Du *feldspath;*
3° De la *silice pure.*

ÉPILOGUE.

—

Les quelques mots qui m'ont suffi, pour expliquer successivement les phénomènes qu'accusent la *trempe* et le *recuit* des *aciers*, des *fontes*, du *bronze*, des *verres*, *poteries* et *roches ignées*, démontrent que cette explication est, tout entière, dans le chapitre de ce livre, concernant les composés rebelles à la nomenclature de *Lavoisier*.

Pour vous prouver que je ne rêve pas, je vais, maintenant, mettre sous vos yeux les faits qui, en dehors de la trempe et du recuit, confirment ma manière de voir. De cette façon, vous appré-cierez mieux si je suis dans l'erreur ou si j'ai le droit de m'écrier, comme *Milton*, dans le *Divorce* :

« Lorsqu'une vérité arrive au monde, c'est toujours à titre de bâtarde, à la honte de celui qui « l'engendra, jusqu'à ce que le Temps, qui n'est point le père, mais l'accoucheur de la Connais-« sance, déclare l'enfant légitime et verse sur sa tête le sel et l'eau. »

Ou, comme *Émile de Girardin*, dans le journal *la Presse* :

« Il y a quelque chose de plus difficile encore que de détrôner une tyrannie ou que de déraciner « un abus, c'est de mettre une vérité à la place d'une erreur. Entre une vieille erreur et une « vérité nouvelle, le public n'hésite jamais; il appelle vérité la vieille erreur et erreur la vérité « nouvelle. On accuse les gouvernements d'être généralement en retard sur leur siècle : on a « raison ; mais on n'accuse pas le public d'être, au moins, aussi arriéré : on a tort. »

I. — *Des hydrates.*

Je prends (Berzélius, *Chimie*, t. III, p. 207 et 208 ; Pelouze et Frémy, t. II, p. 61 et 375) une dissolution de *sulfate de soude* saturée à 32°.73 centigrades et contenant, par conséquent,

Eau.	100.00 parties.
Sel.	50.65 —
TOTAL.	150.65 parties.

Soit, pour 100 du composé :

Eau.	66.50 parties.
Sel.	33.50 —
TOTAL.	100.00 parties.

Je place cette dissolution dans un milieu affectant une température comprise entre 33 et 40 degrés, et je l'y laisse séjourner indéfiniment :

Au bout d'un certain temps, je constate la présence d'un dépôt cristallisé que l'on peut attribuer, en partie, à la décroissance de la solubilité du sulfate de soude dans l'eau, au-dessus de 33 degrés, mais qui résulte, principalement, de l'évaporation très-lente du dissolvant, à la température du milieu ambiant.

Ce dépôt, soumis à l'examen du chimiste, se trouve être du *sulfate de soude*, anhydre et cristallisé, dont les cristaux ont un volume en rapport avec la durée de leur formation.

D'un autre côté, je prends une dissolution de *sulfate de soude*, saturée à 33 degrés, et, conformément aux indications de *Berzélius*, je la place dans un milieu où elle commence à cristalliser entre 15 et 30 degrés, ou, ce qui est plus exact, entre 30 et 15 degrés. Dans ce cas, j'obtiens un composé, cristallisé en *prismes*, qui contient :

Eau.	55.76 parties.
Sel.	44.24 —
Total.	100.00 parties.

Enfin, je prends une dissolution de *sulfate de soude*, saturée à 33 degrés, et je.la refroidis à 7 degrés. Il se passe la même chose que dans le cas précédent ; seulement, le composé *cristallise* en *pyramides* et ne renferme plus que :

Eau.	50.25 parties.
Sel.	49.75 —
Total.	100.00 parties.

Faut-il conclure, de là, que le *sulfate de soude* et l'*eau* sont susceptibles de se combiner ensemble ; que cette *combinaison* n'est pas possible, quand le composé affecte une température comprise entre 33 et 40 degrés ; que cette combinaison n'est possible qu'entre 7 et 30 degrés, et qu'alors elle se fait en deux proportions différentes ?

Évidemment : oui, s'il est démontré que le *sulfate de soude* et l'*eau* sont susceptibles de se combiner ensemble. Il est étrange que, quand la température s'élève à 40 degrés, la combinaison ne puisse avoir lieu ; mais, s'il est démontré que ces deux corps se combinent ensemble, il ne reste plus qu'à s'incliner devant le fait.

Comment démontre-t-on que le *sulfate de soude* et l'*eau* sont susceptibles de se combiner ensemble ?

« Quand on prend (*Berzélius*, t. I⁰ʳ, p. 407) 10 parties de *sulfate* sodique préalablement réduit « en poudre et chauffé au rouge, qu'on y verse 13 1/2 à 14 parties d'eau, et qu'on remue le « tout, on voit que le mélange s'échauffe et se prend, après quelque temps, en une masse « solide. Celle-ci étant, alors, réduite en poudre et dissoute dans l'eau, la température s'abaisse « fortement. »

Reconnaissez-vous, d'après cela, « qu'il existe une différence déterminée entre la combi- « naison chimique d'un corps avec l'*eau*, et l'union qui constitue sa dissolution dans ce « liquide ? »

Quant à moi, je ne le reconnais pas, ni vous, non plus probablement. Disons donc : les *atomes* d'*eau* de *cristallisation* et autres que l'on rencontre dans les *sels* et, même, dans les composés binaires, n'ont été, jusqu'à ce jour, considérés comme *combinés*, que parce qu'on ne supposait pas qu'il pût en être autrement. Il est possible qu'ils le soient, mais ce n'est pas démontré ; continuez à PRÉTENDRE qu'il y a *combinaison*, c'est votre droit : les disciples de *Ptolémée* ont soutenu, pendant quatre-vingt-dix ans, que *Copernic* était dans l'erreur; moi, je me contente de DÉMONTRER qu'il y a *dissolution*.

Comment démontre-t-on qu'il y a *dissolution?* De la manière suivante :

J'ai dit que 100 parties d'*eau* et 50.65 parties de *sulfate de soude*, représentant le *maximum* de saturation et la température de 32°.73, refroidies à 7 degrés, donnent des cristaux pyramidaux qui contiennent :

$$\text{Eau } 50.25 \text{ pour } 100$$
$$\text{Eau } 49.75 \text{ pour } 100$$

Soit, pour 50.65 de sel :

$$49.75 : 50.25 : : 50.65 : x$$
$$x = 51 \text{ eau, environ}$$

J'élève la température de ces cristaux à 18 degrés et je les touche avec le doigt : immédiatement, les pyramides disparaissent et sont remplacées par $50.65 + 51 = 101.65$ de composé se décomposant ainsi, savoir :

91.50 *sulfate de soude hydraté amorphe*, à 55.76 p. 100 d'eau;
10.15 *sulfate de soude anhydre.*
―――――――
101.65

Comme l'indique la proportion :

$$55.76 \text{ eau} : 44.24 \text{ sel} : : 51 \text{ eau} : x$$
d'où
$$x = 40.5 \text{ sel.}$$

Nous avions : 51 eau plus 50.65 sel; nous avons maintenant :

51.00 eau ⎱
40.50 sel ⎰ 91.50
10.15 sel anhydre. 10.15
Somme égale. . . . 101.65

En d'autres termes : si l'*eau* et le *sulfate de soude* étaient susceptibles de se combiner, on constaterait que : 104.65 *hydrate de sulfate de soude*, cristallisé en pyramides, est susceptible de se décomposer en :

91.50 *hydrate de sulfate de soude*, amorphe, à 55.76 p. 100 d'eau, et
10.15 *sulfate de soude* anhydre,
―――――――
101.65

quand on le touche avec le doigt. Où a-t-on jamais vu une pareille réaction?

— Mais, répond-on, cela a bien lieu, en cas de dissolution !

— En cas de dissolution, il n'y a que juxtaposition entre molécules hétérogènes et le déplacement s'explique par la soif qui se manifeste au centre de la masse; aussi, peut-on affirmer, sans l'avoir vérifié, que, s'il y a du sel *anhydre*, c'est à la surface du composé qu'il se trouve. Il est, au contraire, inadmissible, chimiquement parlant, que, pour donner naissance à $A B^2$, $2 A B$ se décompose, tout seul, en A et $A B^2$.

— Cependant l'oxyde de carbone, 2 C O, chauffé au rouge, donne : $C + CO^2$.

Oui, quand l'appareil de M. *H. Sainte-Claire Deville* retient C. Quand l'appareil de M. *H. Ste-Claire Deville* ne retient pas C, on a, en entrant :

$$2\,CO = 2\,C + 2\,O \text{ qui, en sortant, font : } 2\,CO.$$

Dans le cas du *sulfate de soude*, aucun agent extérieur ne se mêle à la réaction. Si c'est la température de 18 degrés qui a décomposé le sel cristallisé en pyramides, ce ne peut être pour en constituer un plus hydraté, surtout quand on sait que, en élevant, encore, la température, tout le sel dissous, dans de l'eau, se dépose *anhydre*, par évaporation du dissolvant.

En somme, voici comment j'explique les bizarreries du *sulfate de soude :*

100 d'eau dissolvent :

A 33 degrés. . . . . . . 50.65 de sulfate de soude.

A 50 — . . . . 36.82   id.

A 18 — . . . . 16.73   id.

Il résulte, de là, que :

Entre 33 et 50 degrés, la perte moyenne de solubilité, par degré du thermomètre, est de :

$$\frac{50.65 - 36.82}{17} = 0.815,$$

tandis que, entre 33 et 18 degrés, cette perte est de :

$$\frac{50.65 - 16.73}{15} = 2.26.$$

Ce résultat indique que, si la solidification du *sulfate de soude* est lente, quand elle s'effectue entre 33 et 40 degrés, cette solidification est relativement prompte, quand elle s'effectue entre 30 et 15 degrés. Il y a, donc, tout lieu de penser que, si le *sulfate de soude* prend sa structure *cristalline* et émet, à l'état sensible, son calorique latent de liquéfaction, en se déposant, quand la température d'évaporation de l'eau, qui le dissout, est comprise entre 33 et 40 degrés, ce sel prend sa structure *amorphe*, en se déposant, quand la température d'évaporation de l'eau, qui le dissout, est comprise entre 30 et 15 degrés et, conséquemment, à 7 degrés.

Pourquoi, dans le premier cas, se dépose-t-il anhydre et, dans les deux autres, hydraté?

Parce que, quand il renferme son *calorique latent* de liquéfaction, il peut jouer le rôle de dissolvant : le *carbone* de la fonte liquide dissout, en cristallisant, le métal auquel il est allié et constitue la *fonte blanche*. Or, le carbone *cristallisé* est, comme le *sulfate de soude amorphe*, en possession de son *calorique latent* de liquéfaction.

Pourquoi, quand l'évaporation du dissolvant a lieu entre 3 et 15 degrés et, même, à 7 degrés, obtient-on des cristaux, bien que le sel déposé soit amorphe?

Parce que c'est l'eau, retenant le sel, qui cristallise. Ce qui le prouve, c'est que, quand on abandonne ce sel à l'air libre, il s'effleurit, perd son eau de cristallisation et se montre *amorphe*. Or, je l'ai dit : la structure, qui correspond à l'absence de calorique latent de liquéfaction, ne peut devenir celle qui correspond à la présence de ce dernier qu'après fusion et solidification brusque. Si le sel était cristallisé, dans le sulfate de soude hydraté, il perdrait son eau sans se déformer. Ce point est extrêmement important : on rencontre, dans la nature, des agglomérations de cristaux opaques et friables, que l'on considère comme des silicates cristallisés. Qu'on les analyse et on trouvera que ce sont, en effet, des silicates neutres; seulement, au lieu de silicates neutres cristallisés, qui devraient être transparents, ce sont des silicates neutres cristallisés et recuits, c'est-à-dire *amorphes*.

Dans le *sulfate de soude hydraté*, comme dans les silicates neutres recuits, mon interprétation diffère tellement de celle qui est admise que la vérité ne peut pas se faire jour.

Ce qui indique, pour moi, que les cristaux opaques et friables sont des silicates neutres, c'est leur cristallisation *apparente;* ce qui me démontre qu'ils sont amorphes, c'est leur opacité. Là où on dit : voilà des cristaux, je réponds : il n'y en a plus. Il est un moyen bien simple de me confondre : si ces composés sont des silicates neutres, comme je le prétends, ils doivent être fusibles et susceptibles de cristalliser, transparents, en se solidifiant brusquement. On doit, donc, pouvoir reconstituer, instantanément, ces produits de la nature, en les mettant en fusion, les coulant sur une plaque métallique froide et les recuisant.

Bien certainement, si, quand on mêle ensemble : 10 de *sulfate de soude anhydre* réduit en poudre et 14 eau, le mélange se prend en une masse *solide* et *amorphe,* c'est parce que la solidification de l'*eau*, produite par la dissolution, a été assez prompte pour qu'elle prît sa structure *amorphe.* Si la température du mélange s'élève, pendant la réaction, c'est parce qu'il y a *contraction*, génératrice du supplément de cohésion *physique* qui justifie la solidification : il n'y a pas eu de calorique *latent* rendu *sensible.*

— Mais, la proportion : 55.76 d'*eau* contenue, est la même dans le *sulfate de soude* hydraté, *cristallisé* à 18 degrés et le *sulfate de soude* hydraté, *amorphe.*

— C'est bien ce qui prouve que, dans les deux cas, la structure du sel solide est la même, et que l'*eau* solide, seule, est, tantôt *cristallisée*, tantôt *amorphe.*

II. — De l'albumine.

Soumise à l'analyse, l'*albumine* est un composé qui a pour formule (Cahours, *Chimie*, 1860, tome III, page 608) :

$$C^{48} H^{36} Az^6 O^{16}$$

Qui se coagule à la température de 65 degrés, environ, quand il est pur, et à la température ordinaire, quand il est en contact avec l'*alcool*, ou l'*éther*, ou la *créosote*, ou l'*aniline*, ou etc.;

Qui, coagulé, se dissout dans l'eau à 150 degrés, dans des tubes nécessairement fermés;

Qui, soumis, liquide, à la distillation sèche ou à l'évaporation dans le vide, donne, avant tout, de l'*eau*.

On peut, donc, dire : l'*albumine* est un composé d'*eau* et d'un tissu organique de même nature physique que l'éponge.

L'*albumine* liquide est une dissolution d'*eau* liquide dans les mailles de ce tissu organique.

L'*albumine coagulée* est une dissolution d'*eau* solide *amorphe* dans les fils de ce tissu organique.

Si la coagulation a lieu à 65 degrés environ, sous l'influence du calorique, et à la température ordinaire, sous l'influence de l'*alcool,* l'*éther,* etc., c'est parce que les fils du tissu organique ne sont accessibles, à l'eau, qu'à la température de 65 degrés ou qu'à la suite de l'*alcool,* de l'*éther,* etc.

Si l'*eau* liquide, en passant des *mailles* dans les *fils* du tissu organique, se solidifie, c'est parce que les porosités de ces *fils* lui communiquent une force de cohésion aussi grande que celle qu'elle acquiert en pénétrant dans les porosités de la *chaux* vive, du *sulfate de soude anhydre*, etc.

Si, en se solidifiant, lorsqu'elle passe des *mailles* dans les *fils* du tissu organique, elle prend sa structure *amorphe,* comme quand elle pénètre dans la *chaux* vive, et non sa structure *cristalline,* comme quand elle pénètre dans le *sulfate de chaux* anhydre, c'est parce que la solidification est instantanée. S'il existait un réactif qui permît à l'*eau* de ne se solidifier que lentement, quand elle pénètre dans les porosités des *fils* du tissu organique, l'*albumine coagulée* serait une masse *cristalline.*

Il est plus que probable que la plupart des substances vénéneuses ont pour effet de rendre coagulable l'albumine du sang et que, si l'albumine du sang ne se coagule pas aussi facilement que l'albumine de l'œuf, c'est, uniquement, parce que les porosités des fils de cette *albumine,* plus lâches que celles de l'*albumine* de l'œuf, sont, comme le sucre, en excès, incapables de communiquer, à l'eau, la force de cohésion dont elle a besoin pour se solidifier à une température supérieure à 0 degré.

Si l'*albumine coagulée* se dissout dans l'eau, à la température de 150 degrés, c'est parce que cette température est nécessaire au calorique, pour vaincre la cohésion de l'eau solide, en dissolution dans les *fils* de l'*albumine,* comme la température de 0 degré lui est nécessaire pour vaincre la cohésion de l'eau solide et pure, comme la température rouge lui est nécessaire pour faire évaporer l'*eau* solide en *dissolution* dans la *chaux éteinte,* le *sulfate de chaux hydraté,* etc., etc.

Le docteur *Baudrimont* a imaginé, pour guérir du *choléra,* de faire ingurgiter, au malade, une quantité prodigieuse d'eau de *Vichy* ou de *bicarbonate de soude* dissous dans de l'eau. Il paraît que ce système a donné d'excellents résultats; pourquoi?

Aujourd'hui, on sait que, dans le *choléra,* il y a coagulation de l'*albumine du sang.* Sous quelle influence? Est-ce sous l'influence de l'alcool? Dans certains cas, peut-être; mais, en général?

De deux choses, l'une : ou c'est sous l'influence d'un acide qui se forme instantanément dans l'estomac; ou c'est sous une autre influence. Si c'est sous l'influence d'un acide, le procédé de M. *Baudrimont* est, sans contredit, le meilleur : saturez l'acide et la cause du mal disparaît.

Cristallin. Tout le monde sait que, quand on cuit une *tête de veau* ou un *poisson,* le cristallin, primitivement incolore et transparent, devient blanc et opaque. Cela provient, à mes yeux, de ce que le cristallin est de l'albumine liquide qui se coagule sous l'influence de la température ou, chez l'homme devenu aveugle par obscurcissement du cristallin, sous l'influence d'une substance coagulante que renferme le sang. Evidemment, si cette substance est la même que celle qui produit le choléra, le procédé *Baudrimont* acquiert une importance considérable. Dans le doute, il me semble qu'il conviendrait de diriger toutes les études de ce côté. Je n'ai pas à m'étendre là-dessus.

III. — *Du phosphore.*

Je disais, il y a cinq ans (*Résumé de mes recherches sur l'aciération,* page 29) :

« Le *phosphore,* distillé sept à huit fois en vase clos et à l'abri du contact de l'air, pris liquide et suffisamment chaud, puis versé en filets minces dans l'*eau fraîche,* devient *amorphe, opaque et noir* en se solidifiant; refroidi lentement, au contraire, il cristallise et devient *incolore* et *transparent.*

« Voilà bien les deux structures d'un corps solide *pur.* Mais, dit-on, le *phosphore* a une troisième structure; en effet :

« Le *phosphore* liquide, calciné en vase clos, pendant dix à douze jours, à la température de 170 degrés (Pelouze et Frémy, *Chimie,* 1865, tome Ier, page 608), prend une structure *amorphe, opaque* et *rouge.*

« Ceci est grave ; en effet, de deux choses, l'une :

« Ou le phosphore, susceptible de devenir *amorphe, opaque* et *noir,* sous l'influence de la *trempe,* est doué de trois structures, et, alors, il est, non pas un corps pur (simple ou combinaison définie, peu importe), mais, bien, un *alliage;* ou la couleur rouge que prend le *phosphore,* sous l'influence de la lumière ou du recuit, est due à un alliage, inappréciable à l'analyse, que ce corps forme avec l'un des composants de l'air, et qui a ses trois phases comme tous les alliages.

« Examinons la question :

« D'une part, il faut que le phosphore ait été distillé sept à huit fois, en vase clos, si on veut l'obtenir *amorphe, opaque* et *noir,* en le coulant en filets minces dans l'eau fraîche. Le phosphore, tel que nous l'employons généralement, n'est donc pas pur.

« D'autre part, MM. Pelouze et Frémy disent (*Chimie,* 1865, tome Ier, page 630) :

« Plusieurs chimistes ont élevé des doutes sur l'existence de l'oxyde rouge de phosphore. « Suivant eux, ce qu'on aurait considéré comme un oxyde de phosphore ne serait autre chose « que la modification rouge dans laquelle se transformerait une partie du phosphore, soumis à « l'expérience, sous l'influence de la chaleur, qui se développe dans la réaction.

« Les diverses analyses qui ont été faites de cette substance n'ont pas fourni des résultats « concordants, et la petite quantité d'oxygène que certains observateurs y ont constatée pour- « rait bien tenir à ce que ce produit aurait renfermé de petites quantités d'acide phosphorique « (CAHOURS). »

« En présence de ces doutes, je dis :

« Si ce que nous appelons : *phosphore,* est susceptible d'affecter trois structures solides, le *phosphore* n'est pas un corps simple : le *phosphore* est un ALLIAGE.

« Si, au contraire, la structure amorphe, opaque et rouge est une structure de l'alliage du phosphore pur avec l'oxygène en proportions analogues à celles des colorations de recuit, alors, tout phosphore qui, enfermé dans un tube en verre, devient rouge sous l'influence de la lumière solaire est du *phosphore* impur; et, s'il faut dix à douze jours, pour convertir le phosphore, *liquide* et affectant une température de 170 degrés, en phosphore *amorphe, opaque* et *rouge,* c'est parce que les pores du vase, dans lequel s'effectue l'opération, sont perméables à l'air qui va s'allier au phosphore, sans combinaison, comme l'oxygène s'allie au fer dans les colorations du recuit, ou comme l'azote s'allie au fer, dans les fers brûlés.

« Précisons : Vous prenez du *phosphore* ordinaire; vous le distillez sept à huit fois, à l'abri du contact de l'air, puis vous le chauffez à 90 degrés et le plongez, en filets minces, dans l'eau fraîche : s'il devient *amorphe, opaque* et *noir,* c'est du *phosphore pur.*

« Sans le sortir de l'eau, vous le faites entrer, dans un tube de verre, fermé par un bout; vous l'y comprimez, puis, après avoir décanté l'eau, vous effilez, à la lampe d'émailleur, l'autre extrémité du tube. Cela fait, vous chauffez à 100 et quelques degrés, pour évaporer l'*eau* et chasser l'air; vous fermez le tube à la lampe d'émailleur et laissez refroidir lentement. Le phosphore prend, en se solidifiant, sa structure *cristalline, incolore* et *transparente.*

« Je prétends que ce *phosphore,* exposé à l'action de la lumière solaire, ne deviendra pas *rouge;* placé dans l'obscurité, ne sera pas *phosphorescent.* »

Or, je lis, dans le Compte rendu de la séance de l'*Académie des sciences,* du 31 janvier 1870, par M. *Henri de Parville :*

« M. Lallemant, le savant professeur de Montpellier, adresse une importante note sur la « transformation, par la lumière, du soufre ordinaire, en soufre insoluble.

« Depuis les recherches de M. Schrœtter sur les états allotropiques du phosphore, on sait que

« la lumière agit sur ce corps pour le transformer en phosphore rouge. La lumière se comporte
« de la même manière à l'égard du soufre.

« Jusqu'ici on avait bien constaté ce phénomène, mais sous l'influence de la chaleur ; ici, la
« cause agissante est toute différente et montre une fois de plus combien il importe maintenant
« de se préoccuper, dans tous les actes de la vie organique, de l'influence d'un agent qui joue
« un rôle aussi énergique dans la nature inorganique.

« Si l'on fait dissoudre, dans un tube de verre scellé à la lampe, du soufre dans du sulfure de
« carbone, et que l'on expose la dissolution aux rayons solaires concentrés par une lentille de
« quartz ou de verre, au point où le faisceau lumineux pénètre dans le liquide, on voit se
« former en quelques secondes une tache jaunâtre de soufre insoluble dont l'épaisseur s'ac-
« croît rapidement, en même temps que l'intensité de la lumière qui a traversé la solution
« s'affaiblit de plus en plus. La liqueur se trouble en se chargeant de particules extrêmement
« ténues de soufre insoluble.

« L'analyse prismatique de la lumière émergente montre que le spectre lumineux n'a plus les
« rayons compris entre les raies G et H, et que le spectre ultra-violet a disparu en entier;
« depuis la raie A jusqu'à la raie G, au contraire, le spectre lumineux est resté intact et ne ren-
« ferme pas d'autres raies que celles du spectre solaire.

« C'est donc la force vive correspondante aux rayons chimiques qui a été absorbée par la dis-
« solution et employée au travail moléculaire, qu'exige la transformation du soufre soluble en
« soufre amorphe.

« Le phosphore en dissolution dans le sulfure de carbone donne lieu au même phénomène.
« On voit ainsi se former, au point où pénètre le filet lumineux, une tache jaune de phosphore
« amorphe, qui devient ensuite d'un rouge brun, mais l'action est moins vive qu'avec le soufre
« et nécessite plus de temps. On reconnaît que la lumière émergente renferme encore tous les
« rayons lumineux; il n'y a d'affaiblissement que dans la région G à H. Au delà de cette der-
« nière raie, les substances phosphorescentes révèlent encore la présence des rayons chimiques;
« après la raie N du spectre chimique, on ne trouve plus de trace de rayons. »

A cela je réponds :

Je n'ai qu'un moyen de reconnaître si le *phosphore* est pur ; c'est celui que j'ai indiqué plus
haut et, encore, je n'en réponds pas absolument. Les colorations successives que prend le *soufre*,
quand on le met en fusion, me portent à penser que, pur, il doit être BLANC. Rien ne prouve
que le *sulfure de carbone* n'est pas susceptible de dissoudre les gaz que dissolvent le *soufre* et le
phosphore impurs, en même temps que ces derniers. Ces questions de dissolution n'ayant jamais,
même, été soupçonnées par les chimistes et étant inaccessibles à leurs moyens d'analyse, il n'y
a pas à les leur faire admettre aujourd'hui; mais il y a des effets de lumière qui s'expliquent,
sans faire intervenir l'*allotropie*, cette nouvelle cause des explications impossibles, et je vais en
citer un :

Les fleurs qui, poussant en plein air et plein soleil, sont colorées, poussant dans une cave,
sont blanches.

Les colorations des fleurs suivent la même progression que les colorations du recuit du fer
décapé, savoir : *jaune, orangé, rouge, violet, indigo, bleu, vert*. Les *dahlias*, par exemple, vont jusqu'au *violet*, ils ne peuvent atteindre l'*indigo* et, par conséquent le *bleu* et le *vert*. Peut-être, fau-
drait-il, pour cela, que leur floraison arrivât en plein *juillet* (question d'horticulture).

Les colorations du recuit du *fer* sont produites par la température, quand le métal est en contact avec les composants de l'air; à l'abri du contact de l'air, il n'y a pas de coloration du
recuit.

Ces colorations démontrent qu'il y a, là, fixation d'un des composants de l'*air* inappréciable à l'*analyse chimique*.

Or, les colorations des fleurs, comme les colorations du recuit, disparaissent sous l'influence de l'*acide sulfureux* gazeux, comme les colorations de la teinture de tournesol disparaissent, sous l'influence des acides, en passant par le *violet*, le *rouge*, l'*orangé* et le *jaune*.

Je conclus, de là, que les colorations des *plantes*, comme les colorations du *recuit*, sont les colorations que prend la dissolution superficielle de l'*oxygène*, au fur et à mesure que la proportion de ce dernier augmente; que le *soufre*, mathématiquement pur, est *blanc;* que l'*or*, mathématiquement pur, est blanc aussi, car, fondu avec du *borax*, il devient *jaune paille*, tandis que, fondu avec du *salpêtre*, il devient *orangé;* que le *pourpre de Cassius* est une dissolution d'*oxygène* dans un alliage d'*or* et d'*étain*, car il est susceptible d'affecter les colorations *jaune, orangé, rouge* et *violet;* que l'*indigo, bleu* et insoluble, est une dissolution d'*oxygène* dans le *sulfate* d'*indigotine* (?) incolore et soluble ; que le *deutoxyde de fer* (?) est une dissolution d'*oxygène* dans le *protoxyde;* que le *minium* et l'*oxyde puce de plomb* sont des dissolutions d'*oxygène* dans le protoxyde ; que le *bioxyde de barium*, etc.

Il paraît que je ne suis pas seul de mon avis, car voici ce que je lis dans le *Journal de pharmacie et de chimie*, sous la signature de M. *E. Baudrimont* (janvier 1861) :

« On admet généralement que l'iodure de potassium, auquel on ajoute un équivalent d'iode,
« constitue alors un biiodure.

« J'ai agité la solution colorée de ce corps avec du sulfure de carbone, et j'ai reconnu de
« suite que celui-ci décolorait complétement la liqueur iodée, et n'y laissait que l'iodure de
« potassium ordinaire, I K. — Le sulfure de carbone prend alors la belle teinte violette qui le
« caractérise quand il tient de l'iode en dissolution.

« Ce fait de la décomposition du biiodure de potassium sous l'influence d'un simple dissol-
« vant semble prouver que l'iode n'est pas combiné à I K, mais qu'il est seulement en dissolu-
« tion dans ce sel. On peut même penser que le sulfure de carbone est, pour l'iode, un dissol-
« vant plus énergique que I K, puisqu'il l'enlève à ce dernier. »

D'un autre côté, je lis, dans les *Comptes rendus de l'Académie des sciences* (tome LXI, p. 857), un très-intéressant Mémoire du même M. *E. Baudrimont*, concernant la nature du *phosphore blanc*.

Il résulterait des recherches de ce savant   miste, que le *phosphore*, opaque et blanc, est, tout simplement, du *phosphore* incolore et transparent désagrégé par l'air en dissolution dans l'eau où il se forme, et que ce phosphore n'est pas plus cristallisé que le phosphore incolore et transparent.

Je suis, tout à fait, du même avis que M. *E. Baudrimont*, concernant la *désagrégation*, mais je suis d'un avis tout opposé, concernant la *cristallisation*.

Je disais, autrefois, d'après la description que donnaient les chimistes, du *phosphore blanc :* ce *phosphore* est une dissolution d'eau solide *amorphe* dans le *phosphore cristallisé*. Après avoir lu le travail de M. *Baudrimont*, je dis :

Le *phosphore blanc* est du *phosphore cristallisé* qui a été désagrégé par l'*air* et l'*eau*, dans laquelle il séjourne, et qui est devenu opaque, comme le *silicate neutre* transparent de la *larme batavique* devient opaque, en se réduisant en poussière, quand cette dernière éclate.

Si M. *Baudrimont* dit que le *phosphore* incolore et transparent n'est pas *cristallisé*, c'est parce que les cristaux sont, dans les cas ordinaires, si petits qu'on ne peut pas plus constater leur présence, à l'œil nu, que dans le soufre en canons dont les cristaux se désagrégent sous la seule influence de la chaleur manuelle.

Ce qui démontre, pour moi, que le *phosphore*, incolore et transparent, est cristallisé, c'est, non-seulement l'*amorphisme* du *phosphore* noir, mais, encore, la découverte même de M. *E. Baudrimont*, signalée plus haut.

L'air et l'eau attaqueraient probablement le phosphore amorphe et noir, comme ils attaquent le phosphore incolore et transparent; mais ils ne le désagrégeraient pas : il n'y a que les cristaux qui sont susceptibles de se désagréger, chez les corps qui, *amorphes*, sont doués de *ténacité*. Quand l'*amorphisme* se laisse désagréger, c'est qu'il est inconsistant, comme dans le *graphite*, l'*amidon cru*, le *basalte*, etc.

IV. — *De la sonorité et de l'élasticité.*

1º Sonorité.

Parmi les corps doués de *sonorité*, ceux que l'on affecte, presque exclusivement, à produire des sons, sont au nombre de trois, savoir :

Le *bronze* à 20 pour 100 d'étain, dit *métal de cloche*, non trempé ;

L'*acier trempé*, plus ou moins recuit ;

Le *verre à vitres*.

Or, le *métal de cloche*, non trempé, est une dissolution d'*étain cristallisé* dans le *cuivre amorphe*.

L'*acier trempé* est une dissolution de *carbone cristallisé* dans le *fer amorphe*.

Le *verre à vitres* est une dissolution de *silice amorphe* dans un *silicate neutre cristallisé*.

Chauffez le *métal de cloche* au rouge, et trempez-le dans l'eau fraîche, vous obtenez le métal des *cymbales* et *tam-tams*, mou et sans sonorité.

C'est que, alors, il constitue une dissolution d'*étain amorphe* dans le *cuivre amorphe*. Pourquoi le métal des *cymbales* et *tam-tams*, écroui et légèrement recuit, prend-il la sonorité qu'accusent ces instruments? Parce qu'une partie de l'*étain* repasse à l'état *cristallin* sous l'influence du recuit.

Chauffez l'acier trempé au rouge dans de la tournure de fonte, et laissez refroidir pendant douze heures, au moins, et vous obtenez de l'acier doux, aussi tendre que du *plomb*, mais dépourvu de toute *sonorité*. C'est que, dans ce cas, l'*acier* est devenu un alliage de *carbone amorphe* et de *fer aciéreux amorphe*.

Recuisez le *verre à vitres* pendant un temps suffisamment long, et vous l'obtiendrez dépourvu de toute sonorité. C'est parce que, dans ce cas, il est devenu un alliage de *silice amorphe* et de *silicate neutre amorphe*.

2º Élasticité.

Quel est le corps le plus élastique? L'*acier trempé* et *recuit*, ou l'*acier trempé* très-peu saturé.

De même que, pour la sonorité, l ristal lisation du *carbone* engendre l'*élasticité;* son passage à l'état *amorphe* engendre la malléabilité.

Pourquoi ne fait-on pas des ressorts en *bronze* ou en verre? Parce que, d'une part, si le cuivre a une ténacité suffisante, l'étain cristallisé n'a pas la dureté du diamant, tant s'en faut; d'autre part, si le silicate neutre cristallisé est suffisamment dur, la silice amorphe n'est pas suffisamment tenace.

Pourquoi les composés solides, dont l'un des composants est *amorphe,* et dont l'autre composant est *cristallisé,* sont-ils les plus propres à vibrer? Je laisse aux mathématiciens le soin de résoudre cette question. Ce qui est positif, c'est que, parmi les corps inorganiques, les composés qui vibrent le mieux sont, précisément, ceux que je considère comme des dissolutions dont l'un des composants est *amorphe,* et dont l'autre composant est *cristallisé.*

Donc, *la* SONORITÉ *et l'*ÉLASTICITÉ *sont des facultés inhérentes aux dissolutions solides dont l'un des composants est* CRISTALLISÉ, *et dont l'autre composant est* AMORPHE.

V. — *Divers.*

1° *Briquet à gaz hydrogène.* — Quand on dirige, dans l'air, un jet de gaz hydrogène sur de la *mousse de platine,* cette dernière rougit et le gaz s'enflamme: pourquoi?

Quand l'hydrogène se trouve en contact (page 33) avec de la *mousse de platine,* il est absorbé et, se liquéfiant, émet, à l'état sensible, son calorique latent de gazéification. Le métal s'échauffe et atteint la température rouge-cerise. A ce moment, l'hydrogène, en contact avec l'oxygène de l'air, affectant la température à laquelle a lieu la combinaison, s'enflamme instantanément.

2° *Chaux éteinte.* — Qu'est-ce que la chaux éteinte? Une dissolution d'eau solide amorphe dans la chaux vive. Pourquoi l'eau prend-elle sa structure solide *amorphe,* en se solidifiant?

Parce que la réaction est instantanée.

Pourquoi la température du composé s'élève-t-elle jusqu'à 120 degrés?

Parce qu'il y a contraction; car il n'y a pas émission, à l'état sensible, de calorique latent de liquéfaction.

3° *Chlorure de chaux.* — Qu'est-ce que le chlorure de chaux? Une dissolution de *chlore* dans la *chaux éteinte.* Voilà pourquoi, quand on ajoute de l'eau, le chlore s'évapore, chassé par l'eau qui prend sa place.

4° *Sulfate de chaux.* — Le *gypse,* que l'on rencontre dans la nature, cristallisé, est un *sulfate de chaux* hydraté, contenant :

SO³.	46.00
Ca O.	33.00
Eau.	21.00
	100.00

En le calcinant, au rouge, on le convertit en plâtre, c'est-à-dire en sulfate de chaux anhydre, blanc et amorphe, ce qui démontre bien que les cristaux du gypse sont dus à la présence de l'eau cristallisée.

En mélangeant le plâtre avec de l'eau on reconstitue lentement le gypse ou dissolution d'eau, solution d'eau solide *cristallisée* dans le sulfate de chaux amorphe. Pourquoi cristallisée?

Parce que, la réaction étant beaucoup plus lente qu'avec la chaux vive, l'eau émet, à l'état sensible, son calorique latent de liquéfaction, en se solidifiant, et cristallise.

5° *Bioxyde de barium* (Pelouze et Frémy, *Chimie,* 1865, tome II, page 502) : « Chauffé à la
« température d'un rouge vif, le bioxyde de barium perd son oxygène et se transforme en
« baryte, qui peut de nouveau absorber l'oxygène au rouge sombre. »

Le *bioxyde de barium* est une dissolution d'oxygène dans la baryte, de même nature que l'eau
oxygénée. Ce qui le démontre, c'est la manière dont on prépare cette dernière.

Etc., etc., etc.

FIN.

PARIS. — IMPRIMERIE DE Mme Ve BOUCHARD-HUZARD. RUE DE L'ÉPERON, 5.